존리와
함께 떠나는
부자 여행 ❷

취업만이 답일까?

존리와 함께 떠나는 부자 여행 2
취업만이 답일까?

초판 1쇄 발행 · 2022년 3월 30일
초판 2쇄 발행 · 2023년 8월 21일

지은이 · 존리
그린이 · 동방광석
펴낸이 · 이종문(李從聞)
펴낸곳 · 국일증권경제연구소

등 록 · 제406-2005-000029호
주 소 · 경기도 파주시 광인사길 121 파주출판문화정보산업단지(문발동)
　　　　서울시 중구 장충단로8가길 2(장충동1가, 2층)
영업부 · Tel 031) 955-6050 | Fax 031) 955-6051
편집부 · Tel 031) 955-6070 | Fax 031) 955-6071

평생전화번호 · 0502-237-9101~3

홈페이지 · www.ekugil.com
블 로 그 · blog.naver.com/kugilmedia
페이스북 · www.facebook.com/kugilmedia
E - m a i l · kugil@ekugil.com

ISBN 978-89-5782-201-2(14320)
　　　978-89-5782-187-9(세트)

존리와 함께 떠나는 부자여행

존리 글 | 동방광석 그림

2권 취업만이 답일까?

국일증권경제연구소

차 례

등장인물

존리

공원 옆의 작은 도서관에서 사서로 일하는 아저씨다. 같은 동네에서 자란 아이들이 성장하고 사회에 나와서 경제 독립을 이루도록 조언하며 돕고 있다. 안전한 직장에 취업하는 것을 목표로 삼는 율이에게 청년의 특권인 창업에 대해 말해 주고, 아이들이 잘하는 것을 하도록 이끌어 준다. 주식이 미래를 위한 투자의 길이라는 것을 깨우쳐 준다.

강차장

조인컨설팅 회사 창립 이래 전무후무한 실적을 쌓아 최우수 사원에 뽑히며 모든 동료의 부러움과 동경의 대상이 된다. 회사와 대리점이 서로 윈윈하기 위해서는 대리점주들에게 불리한 조건을 수정해야 한다는 신념으로 상사에게 건의하지만 회사가 받아들이지 않아 갈등을 빚는다. 결국 퇴사를 결정하고 그동안 미뤄왔던 창업의 길로 들어선다.

황금빛

서율의 여자친구였지만 몇 해 전 눈보라 날리는 겨울 날 헤어졌다. 꿈을 포기하는 율이의 나약함에 실망한 금빛은 이별을 통보한 후 강차장의 도움으로 디자인 회사를 창업한다. 업무 중 방문한 율이를 우연히 만나게 되고 다시 친구가 된다. 금빛은 당당히 자신의 꿈을 펼쳐 나가며 미래를 위해 하루의 수입 중 일부를 떼어 주식에 투자하고 있다.

황부장

한국 N.E공사의 창립멤버로 평생을 한 직장에서 월급쟁이로 살아왔다. 사람은 자신의 일을 할 때 가장 빛나 보인다는 것을 깨닫고 정년을 앞두고 퇴직을 한다. 딸인 금빛이가 창업을 해서 자신이 원하는 일을 하며 행복해 하는 모습을 보고 자신도 늦었지만 하고 싶은 일을 해야겠다고 결심한다. 그리고 창업센터의 도움으로 제2의 새로운 삶을 계획한다.

율이

대기업이나 공기업에 취직하는 것을 꿈으로 삼는 부모님의 기대에 부응하려고 오로지 취업에만 전념한다. 많은 스펙을 쌓고 수십 번의 면접을 봤지만 취업의 문은 쉽게 열리지 않는다. 결국 인턴으로 취업하게 되고, 업무중에 만난 나이 어린 창업주들의 모습을 보며 취업만을 향해 달려왔던 자신의 모습을 되짚어 보고 고민하게 된다.

민영

어렸을 때부터 공무원을 목표로 공부하고 있다. 공무원 경쟁률이 건국이래 최고라 아직 합격하지 못했지만 포기하지 않고 열심히 도전하고 있다. 부모님의 도움을 받지 않고 혼자 힘으로 이루고 싶어서 틈틈이 알바를 하며 최선을 다해 공부하고 있다. 매사에 긍정적이고, 취업하지 못하는 율이에게 용기를 주고 위로해 주는 따뜻한 마음을 가졌다.

지수

세 친구들 중 가장 먼저 취업에 성공했다. 취업만 하면 모든 경제적 고민이 해결될 거라 생각했지만, 매일매일 업무 스트레스로 고달픈 시간을 보내고 있다. 월급으로는 노후준비나 경제적 자유를 얻을 수 없음을 깨닫고 주식에 대한 관심을 키워간다. 남을 위해 일하기 보다 자신을 위해 일하라는 존리의 말을 새겨듣는다.

지우

어렸을 때부터 부자 되는 것을 인생의 목표로 삼고 있다. 대학교에 가지 않고 인테리어 회사에 취업해 업무를 배운 후 '지우의 세상'을 창업했다. 주차장 건물에 셀프 리모델링을 하여 창업 초기 비용도 줄이고, 새벽부터 회사를 홍보하는 광고지를 돌리면서 창업을 준비했다. 열정적으로 일한 덕분에 창업하자마자 견적 문의가 들어온다.

프롤로그

코로나19는 2년이 지나도록 끝나지 않고 오미크론 변이 바이러스로 확진자는 연일 최고치를 갱신하고 있다. 곧 터널이 끝날 줄 알고 참고 견디며 걸어왔던 사람들의 다리에 점점 힘이 풀리고 있다.

대학교에 입학은 했지만 제대로 된 수업 한 번 못 들어본 학생부터 대학교 졸업은 했지만 취업이 되지 않아 조급하고 무거운 마음에 짓눌려 있는 청년들, 정리해고가 되어 다른 직장을 구하지만 마음처럼 되지 않아 우울함에 드리워진 청년들을 보면 안타깝기만 하다.

나는 청년들이 부자가 되기를 희망한다. 경제 독립을 원하는 젊은이가 많아야 하고 남들이 하는 일을 무조건 따라하는 것으로부터 탈피해야 한다. 나는《존리와 함께 떠나는 부자 여행》시리즈를 통해서 청년들이 부자 되는 방법, 경제 독립을 이룰 수 있는 방법을 같이 배우고, 즐거운 부자가 되는 것은 의외로 가깝게 있다는 것을 알려주고 싶었다.

사교육비 때문에 부담스러워 하는 부모와 학원 가기 싫어하는 아이들의 고민을 풀어주는 1권《주식이 뭐예요?》에 이은 2권《취업만이 답일까?》는 창업에 관한 이야기다. 공기업에 취업하기 위해 많은 스펙을 쌓고 이력서를 내지만 매번 떨어져서 의기소침해 있는 율이에게 존리는 취업만이 정답이 아니라며 창업에 대한 이야기를 전한다. 율이에게 자신이 가장 잘하는 것을 하는 것이 중요하다고 강조하면서 면접을 보면서 느꼈던 것이나 알게 된 것을 책으로 써 볼 것을 권한다.

나는《존리와 함께 떠나는 부자 여행》을 통해 청년들이 경제적으로 윤택해지는 꿈을 꾸게 하고 잘하는 것을 찾게 하고 돈을 위해 일하는 삶보다 돈이 나를 위해 일하는 주식에 대해 배울 수 있도록 도울 것이다. 이 책은 청년들의 경제적 독립을 위한 프로젝트, '어떻게 하면 부자가 될까?'에 대한 우리들의 이야기다.

우리나라 모든 청년이, 모든 사람이 진정한 부자가 되어 세상을 선하게 바꾸는 주역이 되길 바라는 마음으로 함께 부자 여행을 떠나기를 청한다.

You can do it!!!

2022년 봄 북촌에서

존 리

1장 멀고 먼 취업의 길

- 남을 위해 일하기 보다는 자신을 위해 일해야 한다

한국 N.E공사 정규채용 2
한국 N.E공사 정규채용 2
2022년 3월 1일~3월 10일

한국 N.E

휴~, 오늘 따라 왜 이렇게 버스가 막히는 거야. 아슬아슬하겠네.

면접장은 7층이군.

면접장
7층 →

엘리베이터가… 저기 있군.

아무래도 늦겠는걸…

7층이면 계단으로 가는 게 빠르겠어.

탁 탁 탁

앗!

어이쿠-

와르르르

앗, 머… 명패가 깨졌어요…

괜찮네, 괜찮아.

저… 정말 죄송합니다.

하하, 정말 신경쓸 거 없네.

부… 부장님…?

기획팀 부장 황이삼

어느 부서에서 일하나?

아, 전 오늘 면접 보러 왔습니다.

그렇군. 그럼 어서 가보게.

네, 먼저 가보겠습니다.

슈트가 정말 잘 어울리네. 빛나 보여.

감사합니다.

면접장 7층 ➡

그런데 사람이 가장 빛나 보일 때는 남을 위해 일할 때가 아니라 자신의 일을 할 때라네.

부장님, 한참 찾았어요. 벌써 떠나신 줄 알고…

부장님, 왜 계단으로…

한 계단씩 내려가면서 옛날 일 좀 생각하려고 하네…

얼마 안 있으면 정년 퇴임인데 왜 퇴사를 하시는 거예요?

이러지들 말게. 난 내 딸 덕분에 오늘이라도 퇴사할 수 있어서 아주 기쁘다네.

딸 덕분에 퇴사를…?

회사 창립 때부터 다녔으니 이젠 나도 그만 쉬어야지. 내가 물러나야 능력있는 젊은 사람들이 더 많은 일을 할 수 있을 거고 말이야.

부장님, 섭섭해요.

부장님…

2차 면접 대기자 분들께서는 지금 바로 면접장으로…

어? 빨리 가야겠어.

이제 곧 면접을 시작하겠으니 면접자분들은
각 조별로 정돈해 주시기 바랍니다.

오늘은 꼭
합격을…!

며칠 후

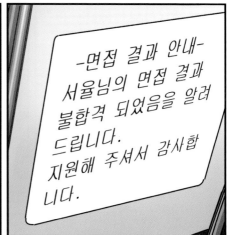

-면접 결과 안내-
서율님의 면접 결과
불합격 되었음을 알려
드립니다.
지원해 주셔서 감사합
니다.

벌떡

뭐가 문제야!
내가 뭘 잘못했냐구!
내가 뭘 어땠길래!

20년 넘게 부모님 말씀대로,
선생님이 시키는 대로, 학교에서 학원에서
가르쳐준 대로 살아왔는데,
왜! 왜!

학점, 토익, 토플! 대체 얼마나 더 많은 스펙을 쌓아야 취직할 수 있단 말이야!

이딴 게 다 무슨 소용이야. 다 필요 없어. 젠장!

이 자격증은 아빠가 사업 실패하고 엄마는 그 충격에 병원에 입원해 계시는 동안에도 공부하면서 딴 건데…

엄마… 아빠… 죄송해요…

이건… 첫사랑과 헤어지는 아픔도 참아가며 힘들게 땄는데..

따리리리

민영이

어. 민영…

너 목소리 왜 그래? 우냐? 한 잔하게 나와라.

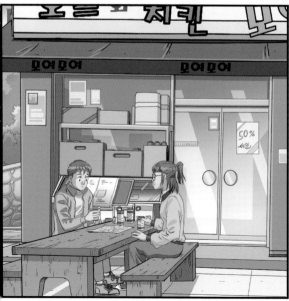

야, 야.
천천히 마셔.

웃기지 않냐?

뭐가?

수십 번 불합격 문자를 받았는데도
익숙해지지 않는다는 게.
불합격 문자는 받을 때마다 정말
비참해지는 것 같아. 이생망 기분.

야, 너무 실망 마. 너 면접 본 곳
경쟁률이 170:1이란다.
공기업이라 경쟁률이 장난 아니었어.

네가 부족해서 취업이
안 되는 게 아니라
취직할 수 있는 자리가
너무 적어서
그런 거라구.

그런데 넌 왜 경쟁률이 높은 공기업,
대기업 쪽으로만 취직하려고 하냐?

중소기업 쪽도 괜찮잖아.

엄마 아빠 꿈은 네가 안정적인 공기업에 취직하는 거란다.

꿈이니까. 안정적인 회사에…

응? 그런데 취직하는 게 너 꿈이었어?

폼 나잖아. 연봉도 많고, 안정적이고. 20년 동안 죽어라 공부한 것도 솔직히 좋은 데 취직하려고 그런 거 아냐?

하긴, 아니라고 부정 못하지. 현실이 그러니 어쩌겠어.

돈 없고, 학벌 없고, 빽도 없으니 백날 면접 봐야 뻔하지.

젊은 청춘남녀의 대화가 너무 냉소적이다. 그죠 사서님?

어서와 지수야. 사서님도 퇴근하시네요?

그래. 여기들 있었구나.

율아, 너 면접 본 건 어땠어? 잘봤어?

지수야, 이쪽으로 앉아. 사서님도 앉으시고요. 헤헤헤.

잘 안됐나 보구나? 너무 걱정 마. 또 기회가 있겠지.

그래. 너무 낙담하지 말고 힘내.

지수는 좋겠다. 출근하는 회사도 있고. 나랑 민영이는 아침이 되도 갈 데가 없어.

야, 왜 날 끌어들여. 너 취했냐?

좋긴. 취직해서 좋은 건 딱 3개월까지고 매일 업무 스트레스에 하루하루가 고달프다.

그러고 보면 창업 준비하는 내 동생 지우가 부럽지.

풋, 창업? 창업은 뭐 아무나 하나! 안그래요, 사서님?

율이 심기가 불편하구나? 녀석.

네. 억울해서요. 취업도 안 되는데 기를 쓰고 대학교 다닌 게 억울해서요. 빨리 돈 벌어서 학자금 대출도 갚아야 하는데…

율이가 많이 힘든가 보구나. 평소 율이답지 않은 말을 다 하고.

사서님이 좀 이해해 주세요. 율이 요즘 좀…

우리 엄마는 저 취업되기만을 기다리세요. 이번에 면접 떨어진 거 알면 아마 쓰러지실지도 몰라요.

율아,
이번 면접이
몇 번째지?

몰라요.
2년 가까이 수십 번은
더 봤으니까요.

그동안 어떤 기준으로
회사를 골랐는지 알고 싶은데.

뭐 아무래도 객관적으로
안전한 직장인가를
제일 먼저 봤죠.

그러니 싫든 좋든 대기업이나
공기업을 선택할 수밖에
없잖아요.

그건 그래.
다들 안전한 직장을
원하니까.

어차피 평생
직장생활해야
하는데 조금
늦더라도 안전한
직장이 최고지.

그렇구나. 그럼
취업하려는 회사에
대해 얼마나 연구하고
면접을 준비했는지
말해볼래?

연구요?
그동안 보았던 면접들
메모하고 기록해 놓았는데,

우와, 면접본 걸
다 기록해 놨어?
대단하네.

그 노트들을 보면 대기업이나
공기업은 다 똑같더라구요.
업무 내용만 다를 뿐이고요.

그래서 이젠 그 회사가 뭐하는
회사인지 대략적인 것만 알고
면접보러 가요.

자신의 능력을 펼쳐 보일
회사를 선택하는데
그 회사에 대해 연구도
준비도 없이, 그리고 나와
맞는지 알아보지도 않고
면접을 보러 간다는 것은 좀
이해하기 힘들구나.

어차피 적성에 맞는
회사에 취직하기란
불가능하잖아요.
내 적성에 맞고 내 능력을
펼쳐 일할 만한 회사가 없으니
일단 채용 소식만 있으면
면접부터 보는 거죠.

율아, 면접을
보면서 느낀점이
있다면 뭐지?

훗, 느낀점은 바로 헬조선을 만든 건 꼰대들인데 피보는 건 우리들이라는 거죠.

정말 우리 청년 세대들만 너무 힘들어. 희망이 안 보여.

녀석. 그 마음 알겠는데 그럴 때 일수록 더 냉철해져야지.

자, 우리가 대학교를 나오고 좋은 회사에 취직하는 건 결국 뭐 때문일까?

그야… 돈! 돈 때문이죠! 부자가 되기 위해서!

돈 걱정 없이 여행도 하고 배우고 싶은 거 배우면서 멋지게 살고 싶어요.

맞아. 그런데 회사에 취직해 월급만 받아서 과연 부자가 될 수 있을까?

부자가 되긴 힘들겠죠.

저도 월급 받아서 이것저것 지출하고 나면 남는 게 별로 없어요. 저축도 제대로 못하고 있어요. 그러니 더 열심히 일해야죠.

일만 열심히 한다고 해서 부자가 될 수 있는 건 아니란다.

직업도 마찬가지지. 남들이 갖고 싶어하는 직업을 갖는다고 해서 꼭 부자가 되는 건 아냐.

취직만 하면 성공한 거라 생각했는데…

오히려 요즘같이 취직하기 힘든 세상에서는 취직한 사람들보다 취직하는 방법에 대한 책을 팔거나

창업 요령을 가르치는 사람이 돈을 더 잘 벌고 있지. 생각의 전환이 필요하단다.

특별한 재능도, 학벌도, 재산도 없는 우리 같은 사람이 선택할 수 있는 건 현실적으로 취업 밖에 없잖아요.

우리 같은 흙수저들은 창업하는 것도 쉽지 않은 거 같아요. 리스크도 크고요.

좋은 회사라면 월급쟁이가 더 괜찮지 않을까요?

정말 그럴까?
월급쟁이는
확장성이 없단다.

확장성이요?

그건 그래요.
저도 월급 받아 보니 아무것도
할 수가 없더라구요.

회사의 주인은 장사가 잘 돼서
돈이 들어오면 비용을 제하고는
전부 자기 것이 되지만

매출이 늘어나니
수입도 늘어나는군.

월급쟁이는 회사가 아무리
잘 돼도 월급이 엄청나게
오르지는 않지.

회사를 위해 죽어라 일해도
월급은 그대로

우리 회사 얘기 같아요.
작년에 매출 실적 1위 달성했는데도
월급은 겨우…

맞아. 그런데 회사에
취직해 월급만 받아서
과연 부자가 될 수 있을까?

힘들겠죠.

월급보다 물가 인상률이
훨씬 높으니까요.

사서님. 그럼 부자가 되기 위해서는 어떤 일을 해야 하는데요?

부자가 되기 위해서는 자신을 위해 일해야 해. 취업보다는 창업이 유리하지.

창업이요?

창업이요? 아시잖아요. 우리 아빠 3년 전 창업해서 6개월 만에 망한 거요.

제가 창업한다고 하면 우리 엄마 또 쓰러지실 거예요.

창업의 창 자만 들어도..

서울 유통

폐업

우리나라는 창업률도 높지만 폐업률도 엄청 높잖아요.

10곳 중 7곳은 폐업한대요.

그리고 모두가 창업하면 창업하는 사람들끼리 경쟁해야 하니까 그것도 힘들 것 같아요.

물론 모든 사람이 창업할 수는 없겠지. 다만 창업이 우선 순위가 되어야 한다는 것이지.

난 청년들이 지금은 취직을 한다고 해도 창업을 염두에 두고 준비했으면 좋겠어.

아, 네…

취업이 반드시 정답은 아니거든. 그리고 창업과 개업은 다르지.

음… 맞는 말씀인 것 같아요.

저도 떠밀리다시피 회사에 취직했지만 월급 받을 때면 기쁨보단 한숨이 먼저 나오거든요.

자괴감도 들고요. 어떨 땐 대학교 다닌 게 소용없다고 느껴지기도 하고요.

너도 그랬구나.

몰랐어. 넌 일찍 취업해서 그런 생각 안 할 줄 알았는데.

요즘 우리 세대는 다 그런 생각할 거야.

우리 회사 사람들하고
얘기 하다 보면 회사에 만족하며
다니는 사람은 거의 없더라고.

다들 전공하고는 상관없는 일을 하고 있으니
대학교는 왜 다녔는지 모르겠대.

그렇구나…

그러게 말이다. 주입식 교육과 사교육의
열풍에 쫓겨 오로지 대학만을 목표로 하는
우리나라 교육 시스템에 꿈을 잃은
청년들만 억울하지.

입시에 목매던
고3 때를 생각하면
지금도 끔찍해요.

고3 때 우리반
급훈이 '대학이 인생을
좌우한다'였는데…

주입식 교육의 가장 큰
문제점은 바로 홀로 서지
못한다는 것이지.

학교에서 안가르쳐 줬는데..

그래서 대학을 나와도 자신이
어떤 일을 잘할지 생각해 직업을
선택하기 보단 모두 안전하고 편한
직장만을 선택하려 하지.

안전한 길이 최선이야.

대학생들의 직업 선호도 1위가 공무원이고 60%에 가까운 학생들이 공무원 시험을 준비하고 있는 현실이 안타깝지.

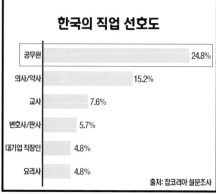

한국의 직업 선호도

직업	선호도
공무원	24.8%
의사/약사	15.2%
교사	7.6%
변호사/판사	5.7%
대기업 직장인	4.8%
요리사	4.8%

출처: 잡코리아 설문조사

윽! 나…나한테 하시는 말씀인가?

좋은 직장에 들어가 월급쟁이가 되는 것을 유일한 희망이라고 생각하는 것은 매우 잘못된 생각이야.

입사할 땐 희망이 가득했는데. 하나도 나아진 게 없어.

…

사서님. 그럼 어떤 일을 해야 좋을까요?

정답은 간단해.

네? 간단해요?

어떤 일인데요?

아까도 말했지만 남을 위해 일하기 보다는 자신을 위해 일하는 것이 가장 중요하단다.

아! 자신을 위한 일

그렇구나…

자신을 위해…

사람이 가장 빛나 보일 때는 남의 일을 할 때가 아니라 자신의 일을 할 때라네.

풋, 누구랑 똑같은 말씀을 하시네요.

응?
누구랑?

누가 또 그런
말을 했어?

있어, 그런
사람이…

내가 좋아하고
잘하는 일이
무엇인지 알고
그 일을 위해
도전하면 좋겠다.

네, 사실 일은 자신이
가장 좋아하는 일을
해야 하는건데…

그야 그렇지만
그게 어디 말처럼
쉽냐 말이지.

어머? 맥주가 다 떨어졌네.
사서님 한 잔 더 하실래요?

아니다.
난 됐다.

나도 됐어.
딱 좋아.

띠
리
리…

그래. 우리 회사 40년
넘은 괜찮은 회사야.

알았어요. 선배.
생각해 볼게요.

사서님. 요즘 신간 뭐 재밌는 거 추천 좀 해주세요. 맨날 시험 준비용 교재만 보려니 팍팍해서요.

글쎄… 민영이한테 맞는 책이 뭐가 있을까?

요즘 내가 보는 책인데, 재미도 있고 공부도 되고 좋은 것 같아.

역시 사서님은 걸어다니는 도서관이네요. 척하면 척 나오고. 감사합니다. 하하하.

다 읽고 독후감 제출하는 거다.

독후감은 내가 제일 잘 쓰는데…

나도 잘 쓰거든?

독후감 수상은 내가 제일 많지.

이 녀석들… 이러다 싸움 나겠다.

경제 독립으로 가는 길 (한국이 창업하기 쉬운 이유)

1. 창업가 정신

우리나라는 금융 문맹에서 벗어나는 것, 여성인력 이용, 창업가 정신, 이 세 가지가 꼭 필요하다. 학생 하나하나가 돈을 벌기 위해서 자본가가 되어야 하고 "나는 취직하지 않고 창업을 하겠다!"라고 결심하는 것이 중요하다. 나에 대한 철학이 확고하면 좋은 라이프가 펼쳐진다.

2. 창업이 정말 위험한가?

"무조건 창업을 해야 한다." 그런데 이런 이야기를 하면 대부분 "창업하면 위험하잖아요!"라고 대답한다. 창업보다 공무원 되는 것이 위험하다. 공무원이 되려면 경쟁률이 100대 1, 즉 합격률이 1%다. 그런데 왜 위험하다고 하지 않는가? 결정적인 건 뭘까? 미국은 창업하기 힘들다. 미국은 아무도 도와주지 않는다. 그런데 한국은 창업센터가 한두 개가 아니다. 돈도 빌려주고 지원해 준다. 그런데도 위험하다고 안 한다고 한다. 한국이 창업하기 쉬운 결정적 이유는 공부 잘하는 애들이 다 공무원이 되고 싶어하기 때문이다. 똑똑한 애들, 공부 잘하는 애들은 다 공무원하겠다고 하니 내가 창업을 하면 경쟁률이 낮고 그만큼 성공 확률도 높은 것이다.

3. 넷플릭스 창업 스토리

미국에 가면 10년 전만 해도 모든 슈퍼마켓 옆에 블록버스터라는 곳이 있었다. 비디오를 빌려보는 곳이다. 고등학생 세 명이 앞으로 인터넷으로 영화를 볼 때가 올테니 그 사업을 하자고 했다. 그런데 너무 일찍 차려서 투자를 많이 받았는데도 불구하고 돈이 너무 많이 들어가서 거의 망하게 됐다. 이 학생들은 블록버스터를 찾아가 "우리 회사 사가세요"라고 했다. 블록버스터는 "이 나쁜 놈들 건방지더니 잘됐다"하면서 제 안을 거절했다. 그후 정확하게 5년 후에 블록버스터는 완전히 파산해서 없어졌다. 지금 넷플릭스 시가총액은 얼마가 됐을까? 몇십 조가 되었다.

우리 아이들은 그렇게 큰 부자가 될 수 있는 찬스가 있다. 그런데 그건 어떻게 되느냐? 남들과 다른 생각을 할 줄 알아야 한다. 공부를 잘해서는 안 된다. 공부를 잘하면 공부 잘하는 게 아까워서 다른 길로 갈 생각을 못한다. 그래서 창업을 하고 돈을 버는 것은 공부를 못하는 아이에게 더 큰 기회가 있다.

4. 부자가 되기 위한 시각과 자세

부자가 된 사람들은 긍정적인 사람이다. 성공 창업스토리를 들어보면 별로 특별할 게 없지만 그 이야기를 통해서 '그 사람은 어떻게 그런 생각을 했지?'라고 배우고, "몰랐는데 알게 됐네!", "이야, 나도 부자가 될 수 있겠네"라는 긍정적인 마인드를 가져야 한다. 그리고 위험을 택하는 것을 즐거워 해야 한다. 리스크를 택해야 부자가 될 수 있다. 그렇다고 허황되면 안 된다. 구체성이 있어야 하고 친구랑 같이 하는 것이 좋다. 한 사람 아이디어보다 두 사람이 좋고, 두 사람 아이디어보다는 세 사람, 다섯 사람이 더 좋다. 생각만 하지 말고 작은 것이라도 실제로 해보는 것이 좋다. 예를 들어 방학 동안 잠깐 장사를 해보는 것도 좋은 방법이다.

2장 입사 첫날, 첫 업무

- 꿈을 위해 무엇을 해야 할까?

며칠 후

서율,
축하한다.

고마워요,
필승 선배.

이번 인턴 모집도
경쟁률이 꽤 높다고 해서
은근 걱정했거든.

운이
좋았던 거죠.

회사에서 하는 일 다 똑같아.
일단 우리 회사 다니면서 정 붙여봐.

우리 회사 이래도 대기업, 공기업보다
훨씬 낫다. 연봉 차이도 별로 없고…

들어가자.

네, 선배!

이번에 너하고 면접 보고 들어온 인턴들 저기 있다.

팀장님께 인사드려야 하니까 잠시 기다려.

네!

회의실

똑 똑 똑

의실

팀장님. 신입 인턴들 인사드리러 왔습…?

41

이 건에 대해선 더 이상 얘기하지 말게! 알겠나? 강차장!

팀장님! 제발 다시 한번 재고해 주십시오.

회사가 월급 주지, 대리점주가 월급 주나?!

그 정도 했으면 알아들어야지! 회사가 뭐 애들 장난이야!

네, 알겠습니다.

저… 팀장님.
오늘부터 출근한 신입 인턴들
밖에서 기다리고 있습니다.

들어와.

휴
우

팀장님, 이번에 채용된
신입 인턴들입니다.

안녕하세요?

긴장했어?

아, 네. 조금…

팀장님이 왠만해선 화 안내시는데 요즘 강차장님 때문에 신경이 예민해지셨나봐.

왜요? 무슨 일 있어요?

아까 그 분이 강원도 차장님이시거든. 나의 롤모델이기도 하고.

선배의 롤모델이라고요?

입사 후 지금까지 최우수 사원을 한 번도 놓친 적이 없어.

아마 업무 실적과 능력으로만 평가 받으면 지금쯤 차장이 아니라 이사나 상무로 승진되었을 걸.

그래요? 대단한 분이시네요.
그런데 왜요?

얼마 전부터 강차장님이 대리점에게
불리한 계약 사항을 수정하자는 의견을
올리고 계서. 그런데 묵살 당하고 있지.

왜요?

왜긴 왜겠어. 회사 입장에서는
손해라고 판단한 거지.

장기적으로 봤을 때는 맞는 말이지만,
적어도 지금 당장은 회사의 손실이
눈에 보이니 말이야.

하지만 강차장님은 회사와 대리점이
서로 원윈해야 한다며
수정안을 계속 올렸고,

그래서 요즘 팀장님이
골치 아파하고 있는 거지.

그렇군요.

45

참, 근데 너 발령 어디로 났냐?

영업 1팀이요.

뭐? 영업 1팀? 그럼 강차장님이랑…? 잘됐다. 많은 걸 배울 수 있을 거야.

하루도 안 막히는 날이 없구만.

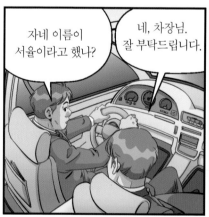

자네 이름이 서율이라고 했나?

네, 차장님. 잘 부탁드립니다.

운전은 좀 하나? 장롱면허 말고.

취업 준비하는 동안 알바로 대리운전 좀 했습니다.

그럼 다음부턴 자네가 운전을 하게. 그래야 업무 숙달이 빠르거든.

네, 알겠습니다.

대리운전 말고 다른 일은 뭐 했지?

학원에서 알바로 아이들 가르치고, 회사는 이번이 처음입니다.

그렇군. 회사생활이 호락호락하지 않을 텐데… 생각한 것 하고는 많이 다를 거야.

네, 많이 가르쳐 주십시오. 열심히 하겠습니다.

우리 조인컨설팅 회사가 어떤 회사인지는 알고 있겠지?

네, 창립한지 40년 되는 회사로, 대한민국 창업 컨설팅 1세대의 주역으로서 창립자이신 신경영 회장님의 경영철학을 바탕으로…

면접용 멘트 말고, 실무적인 걸 말해 보게.

기존 사업주들의 문제점을 파악해
여러 방향의 솔루션을 통하여
사업의 활성화를 모색하거나,

폐점을 앞둔
업주들에게는
상권이나
시대에 맞는 업종
변경을 통해 재사업의
기회를 갖도록
컨설팅해 주고,

점주분들이
원활한 사업을 할 수
있도록 제조 및
납품업체들을
조인(join), 관리하는
역할을 합니다.

잘 알고 있군.
뭘 해야 할지
알려 주지 않아도
알아서 잘 하겠어.

네. 열심히
하겠습니다.

부우우웅

자영업자들은 모두
우리의 잠재적
고객이므로 컨설팅
분야의 시장은 그야말로
황금시장이라네.

하지만 아무리 황금시장이라 해도
회사가 변하지 않으면 무용지물이지.
마치 망망대해에서 같은 배를 탄 회사와
대리점이 균형을 잃게 되면
침몰하는 것처럼 말이야.

오늘 첫 업무는
이곳부터 하지.

강차장님
오셨어요?

네, 빵냄새가
좋습니다.

네, 지금 신메뉴
개발중이에요.
같이 오신 분은…?

네, 신입 인턴
서율입니다.

주문하신 김밥 나왔습니다.

결국 율이가 취직을
했구나. 일은 잘하고
있나 모르겠네.

입사 첫날은 뭐가 뭔지 정신없지. 나도 그랬으니까.

그 회사가 다른 회사보다 잔업무가 많다던데.

근데 넌 공무원 시험 준비 잘 돼?

준비만 잘하면 뭐해. 경쟁률이 장난 아닌 걸. 건국이래 최고래잖아.

이러다 전 국민이 다 공무원 되는 거 아냐?

그래도 내 자리 하난 있겠지.

그때까진 어떡하든 버텨야지. 공부한 거 억울해서라도 버틸 거야. 그러려면 잘 먹어야지. 이모~ 여기 떡볶이 2인분 추가요~

야, 나 돈 없어. 좀만 먹어.

야, 걱정 마. 나 알바하면 두 배로 쏠 테니까.

알바? 너 알바하게?

어. 다음 시험 때까지 시간이 좀 있어서 알바 알아보고 있어.

이 나이에 용돈 받아가면서 공부하는 것도 좀 꿀꿀하고, 알바라도 해야 할 것 같아.

그래서 말인데, 네 동생 지우 창업한다며? 사람 필요하면 나 좀 쓰라고.

지우?

몰라 나도. 요즘 창업 준비한다고 얼굴 보기도 힘들어.

근데 무슨 사업한대?

갠 고등학교 졸업하고 바로 인테리어 회사에 들어갔잖아. 인테리어 배워서 창업하겠다고.

지우 녀석, 암튼 대단해. 어린 녀석이.

어때요, 맛이? 신메뉴 개발한 건데요.

아주 맛있습니다.

감사합니다. 이게 다 강차장님 덕분이에요.

동네 뒷 골목 작은 빵집을 이렇게 성장할 수 있도록 강차장님께서 도와 주셨는데,

월세가 몇 달치 밀린줄 알아? 이거 너무하잖아.

죄송해요, 손님이 너무 없어서…

이번일로 또 짐만 지워 드려 죄송해요. 저희 일 때문에 회사에서 문제가 있다고 들었어요.

이렇게 성장할 수 있도록 강차장님께서 컨설팅을 해주셨나 보구나.

그래도 20대 젊은 나이에 빵집 사장이 되다니… 나보다 훨씬 어려 보이는데…

아닙니다. 당연히 점주의 입장에서 회사에 제의할 수 있는 내용들입니다. 팀장님을 설득 중이니 조금만 기다려 주십시오.

네, 감사합니다.

차장님은 진심으로 점주를 위하시고, 점주는 강차장님을 절대적으로 신뢰하고 있는 것 같아.

왜 강차장님이 최우수 사원이
될 수밖에 없는지 알겠어.

우린 그만 가보겠습니다.

퇴근 후

나도 그게
궁금하다니까.

멀쩡하던 사람이
왜 갑자기 회사를
그만 뒀는지
모르겠다고.

아, 전에 우리 회사에도 비슷한 일이 있었어.
나중에 알고보니 사채 같은 거 쓰고
못 갚으니까 도망을 간 거더라고.

사채를 쓴 거 같지는 않던데…

그래? 그럼 주식 투자하다 다 잃었나?

주식 투자 잘못하면 멀쩡하던 사람도 한방에 훅~ 가더라고.

우리 아들 놈도 돈도 없으면서 주식인지 뭔지 한다고 해서 아주 걱정이야.

자네 아들도 그러나? 우리 아들 놈도 주식에 빠졌어. 자본도 없으면서 말이야.

자본이 없을수록 주식에 투자해야죠.

네? 그게 무슨 말씀이세요?

주식 투자의 묘미는 바로 적은 돈으로 시작하는 거니까요.

그리고 월급이란 것은 늘어나는 데 한계가 있고, 퇴직과 동시에 단절되기 때문에 월급을 모아 부를 형성하기란 거의 불가능하죠.

아, 그래도 한푼 두푼 모아서 저축을 해야지. 월급쟁이가 뭔 주식을…

그럼 그럼. 자고로 송충이는 솔잎을 먹고 살아야 탈이 없는 법이지.

그건 지극히 잘못된 생각이에요.

평생 월급쟁이로 일하면 노동자로만 남는 것이죠.

노동으로 얻은 수입 중 10~20%는 무조건 떼어 주식에 투자해야 해요.

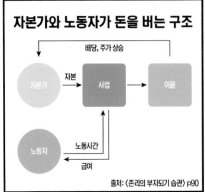

자본가와 노동자가 돈을 버는 구조

배당, 주가 상승

자본가 → 자본 → 사업 → 이윤

노동자 → 노동시간

급여

출처: 〈존리의 부자되기 습관〉 p90

그래야 노후를 준비할 수 있습니다.

어휴~ 노후준비… 생각도 못했는데…

우리같은 월급쟁이가 뭔 노후를 준비하겠어.

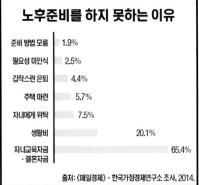

노후준비를 하지 못하는 이유

이유	비율
준비 방법 모름	1.9%
필요성 미인식	2.5%
갑작스런 은퇴	4.4%
주택 마련	5.7%
자녀에게 위탁	7.5%
생활비	20.1%
자녀교육자금·결혼자금	65.4%

출처: 〈매일경제〉·한국가정경제연구소 조사, 2014.

우리 부모님도 요즘 들어 노후를 걱정하시던데…

자본은 따로 시간과 노력을 들이지 않아도 스스로 늘어나며, 쉬거나 은퇴하는 일이 없지요. 그래서 월급쟁이일수록 자본이 일하게 하는 주식 투자를 해야 합니다.

처음에는 주식형 펀드에 투자하셔야 합니다.

주식형 펀드는 뭐예요?

역시 도서관 사서라 그런지 해박해서.

어, 율이 왔구나? 오늘 첫 출근 어땠어?

아직 잘 모르겠어요.

율이구나. 요즘 취업하기 힘들다는데 기특하게도 취직을 했구나. 파이팅해라.

네, 감사합니다.

아무튼 첫 출근 축하한다.

사서님. 드릴 말씀이 있어요.

어 그래? 잠시만.

네, 사서님.

존리의 명언

하라

주식은
사고파는 것이 아니라
모으는 것이다.
장기투자하라.

하루라도 빨리
주식 투자해라.

부자처럼 보이려고
하지 말고 부자가 돼라.

연금저축펀드 하라.

간절히 원하는 것,
잘하는 것을 찾아라.

하루 만 원
월급의 10%를
투자하라.

취업에 집착하지 말라.
(창업하라)

차 사지 마라.

사교육하지
말라.

빚내서
투자하지 말라.

부동산에
집착 말라.

커피
사 먹지 마라.

하지
말라

3장 젊은 창업자들

- 경제적 독립을 이루려면

다음 날

에휴, 또 떨어졌네. 어제라도
팔았어야 했는데.

그러게 내가 팔라고
했잖아.

더 오를 줄 알았지…

주식은 딴 거 없어.
치고 빠지고만 잘 하면 돼.

우리 삼촌이
증권사에 있거든.
좋은 종목 뽑아 준다고
했으니까 기다려 봐.

정말이야? 믿어도 되는 거야?
종목만 좋으면 나 몰빵하게.

주식은 시간에 투자하는 것이다.
즉 장기투자를 통해 복리의 마법을
경험하는 것이지.

투자는 사고파는 기술이 아니다.
사고팔기를 반복하는 방식으로는
큰돈을 벌 수 없다.

주가의 움직임에 휘둘리면 조금 올랐을 때
팔아서 작은 이익 밖에 보지 못하고,
또 조금만 떨어져도 걱정하다가
손절매하여 손실을 보게 된다.

잠시도 컴퓨터 앞을 떠나지 못하고
주가 움직임에 따라
일희일비하는 것은
투자가 아니라 투기다!

먼저 주식 투자에 대한
철학부터 갖고 장기적인
투자를 해야 한다.

저 친구들 주식 또
떨어졌나보네. 아침부터
울상인 걸 보니.

형도
주식해요?

난 소심해서 작게 해. 내가 원래 가늘고 길게 가는 것이 신조거든.

주식은 적은 돈으로 투자하는 거래요. 여유자금으로.

그렇게 주식해서 언제 큰돈 버냐? 돈만 있으면 왕창 투자하는 거지. 나야 원래 돈도 없고 소심하니까 그렇게는 못하지만 말이야.

그건 투자가 아니라 투기라니까요.

뭐? 투자가 아니라 투기? 그 말이 그 말 아냐?

주식 투자는 시간에 투자하는 것이랬어요. 사고팔기를 반복해서는 절대 돈을 벌 수 없어요.

그래? 너 주식 공부 많이 했나보구나?

저도 누구한테 들었어요.

그래? 누가 그런 얘기를 해줘? 나도 좀 소개시켜 줘.

네, 언제든 시간나면 연락주세요.

그건 그렇고, 어제 강차장님이랑 업무 다녀 보니 어때? 잘 가르쳐 주시지?

네, 좋은 분 같아요. 강차장님.

차장님한테 배우면 금방 배울 거야. 그럼 정규직도 따 놓은 거지 뭐. 그래서 내가 말했잖아. 나의 롤모델이라고.

차장님 보면 회사와 대리점을 위해서 정말 진심을 다하는 것 같아.

네, 저도 어제 보고 왜 선배가 차장님을 롤모델로 삼았는지 알겠더라고요.

그런 건 우리가 해도 되는데요.

하하, 내가 원래 머슴체질이라…

강차장님이 회사와 점주를 위해 정말 많은 노력을 하시는 걸 알 수 있었어요.

언제나 회사와 대리점이 서로 상생하는 쪽으로 영업을 하시지. 그래서 팀장님은 늘 불만이시고. 아마 지금도 팀장님과 설전중일 거야.

영업1팀

이봐! 강원도 차장! 안 되는 건 안 되는 거야!

언제까지 매일 아침마다 날 이렇게 괴롭힐 셈인가?!

그만하면 숙일 줄도 알아야지! 누구 옷 벗는 거 보고 싶어서 그래?!

죄송합니다. 팀장님. 하지만…

아, 정말 몇 번을 말해야 해!

대리점이 더 많은 이익을 가져가면 지금은 당장 회사가 손해인 것처럼 보이지만, 결국 점주는 더 많은 매출을 발생해 그만큼 회사에 이익을 줄 것이라 확신합니다.

지금은 저성장시대란 걸 모르나?! 긴축재정할 때란 말이야! 어느 때인지도 모르고 그런 제안을 하는 거야? 자네 제정신인가?

한편으론 동반성장시대죠. 하루가 다르게 세상은 변화하고 있습니다. 회사도 변화하는 모습을 보여줘야 한다고요.

변화하는 시대에 살아남으려면 회사도 점주도 윈윈하는 구조가 되어야 한다는 걸 잘 아시잖아요.

알지. 잘 알지.

변화하는 시대에 가장 중요한 건 내가 먼저, 회사가 먼저 살아야 한다는 것만큼은 강차장보다 내가 훨씬 더 잘 알고 있지!

이번 기획안 올려 주십시오.

강차장 마음 모르는 건 아니야! 하지만 강차장은 지나치게 감상적인 게 문제야. 여긴 회사야. 냉정해지라고. 알겠나!?

그리고 그 기획안 부장님께서 보시고 얼마나 역정을 내셨는 줄 알아?!

영업1팀

나도 막아주는 데 한계가 있다고!!

오늘도 아침부터 회사 분위기 시베리아네.

한 번만 더 이 문제로
왈가왈부 하면
그땐 알아서 하라고!

차장님, 오늘 첫 방문점은
'나무 사랑'입니다.

부
우
웅

나무 사랑에서 요청한 샘플
잊지 않고 챙겼겠지?

네, 트렁크에 실어 놨습니다.
차장님이 새벽에 인천항까지 가서
직접 받아 오셨다면서요? 잠도 못 주무시고
피곤하시겠어요.

점주들을 위한 일인데
그 정도야 참아야지.

다 왔습니다.
차장님.

수고했네.

강차장님.
샘플 구하셨다고 해서
기다리고 있었어요.

네, 그래서
일찍 왔습니다.

신입사원
서율입니다.

아. 네.
무거우실 텐데
그 쪽에 놓으세요.

뭐야? 여기 점주분도 엄청
젊잖아. 다들 왜 이렇게
어린 거야.

차장님이 저번에
샘플 갖다주신 목재로 만든
찻잔이에요. 무늬결이
예술이죠. 오늘 가져오신
샘플도 벌써부터
기대가 커요.

좋은 작품
기대할게요.

저번에 말씀했던 목공재료 납품 단가를 최대한 하향 조정 중에 있으니 곧 좋은 결과 있을 겁니다.

늘 재료 구입비가 부담이었는데 그렇게만 될 수 있다면 정말 좋겠어요.

차장님이 컨설팅해 주시니 어린 점주들도 절대적으로 믿고 사업에 전념할 수 있는 것 같아.

나에게도 저렇게 전폭적으로 지지해 주는 사람이 있다면 나도 창업을…

아니야. 내가 지금 무슨 생각을 하는 거야?

왜 그러나?

아… 아니에요. 그냥…

그리고 공예작품들은 한류 연예인과 매칭업시켜 해외로 수출하려고 기획중에 있습니다.

벌써요? 역시 차장님은 추진력이 대단하세요.

지난번 해외에 샘플로 보냈던 작품들이 반응이 좋았습니다.

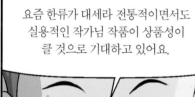

요즘 한류가 대세라 전통적이면서도 실용적인 작가님 작품이 상품성이 클 것으로 기대하고 있어요.

2년 전만 해도 뭘 만들어야 할지, 어떻게 판매해야 할지 막막하기만 해서 접어야겠다는 생각을 하면서도

너무 좋아하는 일이라 망설이고 있었는데 차장님을 만난 덕분에 여기까지 오게 되었어요.

창업은 자신이 정말 좋아하는 일을 해야 돼요. 그래야 어려움이 있어도 참고 희망을 갖거든요.

창업… 자신이 좋아하는 일…

어제, 오늘 만난 점주들이 다들 20대 젊은 분이라 좀 놀랐습니다.

아마 그럴 거야.

내가 다른 직원들보다 영업 실적을 높일 수 있었던 이유 중 하나가 젊은 세대들을 창업의 길로 안내한 것이지.

내가 만난 그들은 막연히 좋은 직장이라는 곳에 취직하기 보단

자신의 꿈을 이루겠다는 욕망이 뜨거웠거든.

내가 좋아하는 일을 할 거예요! 꼭!

좋은 직장은 내가 창업한 직장이죠.

난 그들에게 맞는 솔루션을 주었을 뿐이야.

처음 창업했을 땐
힘들었어요.

네…

그래서 꼼꼼히 메모하고
또 절약하는 습관을 들였죠.
하다못해 커피값까지
줄였어요.

어떻게요?

손님 오실 때마다 대접하는
커피값도 한달간 계산해 보니
꽤 되더라고요.

커피값 장난아니네…
어쩌지…

화분에서 키운 꽃으로 꽃차를 대접하니
커피값도 줄고 맛도 좋고 건강에도 좋고
일석삼조예요. 호호호.

그래 저거야.
꽃차를 만들어 보는 거야.

아! 여기 가게에 있는 탁자도 제가 직접
만들었어요. 깨진 타일 조각으로요.
창업 자금을 엄청 절약할 수 있었죠.

우와- 이렇게 하니
꽤 멋있네.

그렇게 절약해서 하루 만 원 정도는
주식형 펀드에 투자하고 있거든요.

아! 펀드까지!

쓸 데 다 쓰고 남은 돈으로 투자하려 한다면 정작 투자할 돈은 하나도 남지 않는다.

여유자금을 확보한 후 나머지 돈으로 생활하는 습관을 들여라.

매월 수입이 생겨 이것저것 쓰기 전에 20대라면 수입의 10%, 30대는 15~20%, 40대는 25~30%, 50대는 30~40% 이상을 여유자금으로 비축해야 한다.

난 20대이니까 10%!

20대 30대 40대 50대

20대의 어린 나이에 자신이 잘하고 좋아하는 일을 찾아서 창업한 점주들은 정말 대단한 것 같아.

휴~, 난 아직 갈피도 못 잡고 있는데…

이 길은 퇴근시간 되면 많이 막히니까 돌아서 가야 할 거야.

네, 차장님.

퇴근 후

율, 너 좀 피곤해 보인다.

정신없겠지. 한 3개월 지나야 익숙해질 거야.

계속 운전해서 하루 10개 대리점 업무 보려니 은근 힘들어.

적성엔 맞는 것 같아?

적성? 어쩔 수 없이 선택한 회사인데 적성은 무슨… 그냥 맞추는 거지.

암튼 얼른 정규직 돼라. 그땐 좀 편할 거야.

사서님, 책 반납하러 왔어요.

그래, 지우 왔구나.

야, 오랜만이다. 지우. 왜 이렇게 보기 힘드냐?

민영 누나, 율이 형. 여기 다 있었네요.

75

형, 누나들. 나 내일 창업식 해요. 모두 와 줄 거죠?

당연하지. 지수한테 들었어. 너 창업한다고.

드디어 내일 하는구나. 암튼 축하한다. 대단해.

지우, 무슨 창업하는데?

어, 인테리어.

지우 녀석까지 창업을…!

사서님이 저 창업하는 거 많이 도와 주셨어요.

내가 뭘…

창업하기 전에 이 책도 꼭 읽어보라고 추천해 주셨잖아요. 창업자라면 꼭 읽어봐야 한다고요.

그게 무슨 책인데?

민영 누나도 읽어보세요.

72의 법칙…? 뭐 게임의 법칙 같은 그런 책인가?

윽, 대학교까지
나온 누나가
이걸 모르다니!

야! 대학교 나오면
뭐 다 아냐?

72법칙이란 투자한 금액이 두 배가
되는 데 걸리는 기간을 연 단위로
계산하는 공식을 말하는 거야.

72의 법칙

$$\frac{72}{연이자율} = \text{원금이 두 배가 되는데 걸리는 시간}$$

가령 연간
수익률이 6%라면
72÷6=12가
나오는데, 이는
곧 원금이 12년
후에 두 배가 됨을
뜻하지.

아, 복리의
마법이라고 했던 것
같은데, 맞나요?

어? 민영 누나 알고
있었네요?
은근 똑똑해.

기억하는구나.

저도 기억이 나요.
복리의 마법, 시간이
오래 걸린다고…

맞아. 복리는 처음 몇 년 동안은
큰 변화가 느껴지지 않지만,
20~30년 시간이 지날수록
막강한 힘을 발휘하지.

20~30년 후

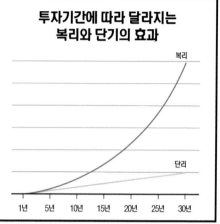

투자기간에 따라 달라지는 복리와 단기의 효과

복리

단리

| 1년 | 5년 | 10년 | 15년 | 20년 | 25년 | 30년 |

그렇기 때문에
하루라도 빨리
투자하는 것이
유리하지.

오늘 시간없는데…
다음에 할까…

내일은 늦어.
하루라도 빨리!
20~30년 후에 보자구!

72의 법칙

사서님 말씀만 들으면 정말
당장이라도 뭔가를 해야 할 것 같은데,
또 막상 하려니 무엇부터 해야 할지
머리가 띵~ 해져요.

그럴 거야.
누가 가르쳐 준 적이
없으니까.

그럼 제일 먼저
뭘 해야 할까요?

무엇보다 소비습관을 고치고

뭘 이렇게 많이 샀어?

신상이잖아. 할인할 때 미리 사둬야지.

지나치게 타인의 시선을 의식하는 삶을 바꿔야 해.

옆집은 신차로 바꿨다는데 우리도 이번 기회에…

황금알을 낳는 거위를 죽이는 라이프스타일을 바꿔야 노후를 불행하지 않게 보낼 수 있어.

72의 법칙을 알고 투자하길 정말 잘했어.

하루하루 사는 게 힘들구나… 젊었을 때 뭔가 준비했어야 했는데…

적은 돈이라고 우습게 보며 함부로 소비하지 말고 적은 돈이라도 꾸준히 주식이나 펀드에 투자하는 습관을 가져야지.

그래야 경제 독립을 이룰 수 있다는 거죠?

그래. 명심해야 돼.

20대 경제적 독립…

20대에 경제적 독립을 이루려면 차분하고 냉정하게 4단계를 실천해야 하지.

4단계요?

그래. 경제적 독립을 위해 10단계의 목표를 세워야 하는데, 먼저 20대에 필요한 4단계부터 하나씩 실천해야 해.

1단계, 자신의 자산, 부채 현황표를 만들어라.

제일 먼저 현재 자신의 경제 상태를 파악하는 것부터 시작하고,

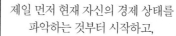

자산		부채	
예금 · 적금	원	마이너스 통장	원
주식	원	은행대출	원
펀드	원	자동차 할부금	원
보험	원	신용카드	원
현금	원		
총자산	원	총부채	원
총자산 - 총부채 =		원	

2단계, 수입, 지출 현황표를 만들어라.

수입과 지출 상태를 들여다보고 내 순자산 가치를 증가시키기 위해 나는 어떤 경제 생활을 하고 있는지 살펴봐야 하는데,

수입		지출	
월급	원	월세	원
배당 수익	원	대출 원리금 상환액	원
기타	원	이자	원
		자동차 유지비	원
		세금	원
		관리비	원
		통신비	원
		식료품	원
		부모님 용돈	원
		생활비	원
		외식비	원
총수입	원	총지출	원
총수입 - 총지출 =		원	

부채에는 좋은 부채와 나쁜 부채 두 종류가 있단다.
좋은 부채는 자산 취득을 위해 생기는 빚이고, 나쁜 부채는 소비를 위해 생기는 빚이지.

그렇구나…

나쁜 부채는 어떤 부채를 말씀하는 건가요?

우리 누나 은근 적극적 모드네.
동생한테 돈 꿔가는 게 나쁜 부채지.

예를 들어 자동차를 사기 위한 빚이나, 또는 신용카드 빚 등은 나쁜 부채지.

많은 사람이 자신의 수입에 맞지 않는 비싼 차를 구입하는데 자동차는 자산이 아닌 부채야.

요즘 집은 없어도 차는 있어야 한다고 하는데요?

앞서 말했듯이 타인의 시선을 의식해서 차를 사거나 바꾸는 것은 절대 하면 안 되는 일이지.

아, 무슨 말씀인지 알겠어요.

서울 시민의 월평균 승용차 유지 비용

(단위: 원)

연료비	차량구입비	보험료	각종 세금	통행료	주차료	기타
27만 5,000	13만 8,000	6만 8,000	4만 2,000	5만 6,000	5만 5,000	14만 6,000

출처: 서울연구원, 2016.

사실 저도 몇 달 후에 소형 중고차라도 살까 했는데 사서님 말씀 듣고 보니 다시 생각해 봐야겠어요.

어머. 지수 너 차 사려고 했어?

응, 출퇴근할 때 버스타고 지하철 갈아타고 하는 게 좀 힘들어서… 아니, 그건 핑계인 것 같고 그냥 작은 차라도 한 대 있으면 좋겠다는 생각에…

차있는 누나 친구들이 맨날 와서 자랑하거든요. 그러니까 부러워서 차 사려고 하는 거예요.

잘 생각해야 돼. 지수야. 나한테 차가 정말 필요해서 구입하는 건지 아닌지 말이야.

네, 사서님.

자동차는 보험료, 주유비, 주차료 등 지불해야 하는 돈이 발생해서 자산 형성에 큰 걸림돌이 되니까 나쁜 부채라고 할 수 있지.

4단계는 뭐예요? 빨리 말씀해 주세요. 궁금해요.

지우가 어려서부터 부자되는 꿈을 갖고 있더니 여전하구나.

4단계, 매일 1만 원씩 여유자금을 만들어 투자해라.

매일 1만 원씩…

근데요, 여유자금이 있어야 투자를 하죠.

월급 받아서 이것저것 쓰다보면 여유자금 같은 건 없거든요. 용돈도 빠듯해요.

여유자금은 '쓰고 남는 돈'이 아니라 '쓰기 전에 떼어 놓는 돈'을 말하지. 쓸 거 다 쓰고 남는 돈으로 투자하려고 하면 투자할 돈은 하나도 남지 않거든.

쓰고 남는 돈이 아니라… 쓰기 전에…

1. 자신의 자산, 부채 현황표
2. 수입, 지출 현황표
3. 부채를 줄여라
   (좋은 부채와 나쁜 부채의 분별)
4. 매일 1만원씩 여유자금을 만들어 투자해라

무엇보다 20대라면 수입의 10%이상을 여유자금으로 비축해 주식에 투자해야 하지.

내 월급의 10%라면…

사서님, 그 많은 걸 다 실천하려면 너무…

쉬운 일이 어디 있겠어?
경제적 독립은 하루아침에
이루어질 수 없어.

조금씩 매일매일
실천하여 성취 가능한
목표를 만들어야 해.

그래서 장기적으로 주식이나
펀드에 투자하라고 하셨구나.

그렇게 절약해서 하루에 만 원 정도
주식형 펀드에 투자하고 있거든요.

경제적 독립…!

얘들아. OECD 국가 중 노년층
'빈곤률 1위', '경제활동인구 1위',
'자살률 1위'가 어느 나라인지 아니?

서… 설마 우리나라는
아니겠죠?

아니,
우리나라가 1위래요.
뉴스에 나왔어요.

지우 말이 맞단다.
안타깝게도 우리나라란다.

네? 정말요?
믿어지지 않아요…

우리나라는 노년층의 빈곤률이
세계 최고인데 노인 취업률 또한
세계 최고야.

우리나라가 선진국이라고 하는데
노후의 삶은 정말 후진국이네요.

그건 돈에 대한 이해와
관리가 부족하기 때문에
생긴 불행한 일이지.

저도 그 얘기 듣고 하루라도 빨리
창업해야겠다고 생각했어요.
노후를 일찍 준비하지 않으면
불행해질 수밖에 없으니까요.

그래. 창업을 해서 경제적 독립을
하는 것이 중요하지. 그런 면에서 지우를
칭찬하고 응원한다.

사서님 덕분이에요.
제가 대학교에 안 가고 그 시간에
창업에 필요한 기술을 배운다고 했을 때
힘이 되어 주셨잖아요.

노년이 되어 경제적 빈곤으로 불행한
삶을 살지 않으려면 지금 20대에
경제적 독립을 위한 여정의 목표를
세우지 않으면 안 돼.

노인이 자살을 생각하는 가장 큰 이유는 바로 경제적 어려움 때문이거든.

노인이 자살을 생각한 이유

27.7%	경제적 어려움
27.6%	건강 문제
18.6%	부부·자녀 등과의 갈등·단절
12.4%	외로움
8.3%	가까운 사람의 사망
4.9%	배우자 가족의 건강 문제
	기타 0.5

출처: 한국보건사회연구원

우리 엄마 아빠도 요즘 노후준비 못했다고 걱정 많이 하시는데…

우리 부모님도 그러서. 노후가 행복해야 하는데…

우리 집도 아빠 사업 실패로 대출 빚 갚기도 힘들어. 나라도 무언가를 준비해야 돼!

사서님, 저 먼저 가볼게요. 할 일이 남아서요.

우리가 도와줄게. 같이 가. 가자 지수야. 율이 너도 가자.

어. 그래. 알았어.

사서님 저희 가볼게요.

그래. 수고하거라.

취업난에 증가하는 청년창업

코로나19 장기화로 인해 실업률이 늘고 있고 특히 청년실업률은 하늘 높은 줄 모르고 있다. 경기 악화로 인해 기업이 채용 인원을 줄이면서 청년들의 취업난이 심각한 상태다. 심각한 일자리 부족을 벗어나기 위해 창업에 도전하는 청년들이 증가하고 있다. 특히 2030세대의 소상공인 창업이 늘어나고 있다. 청년창업은 벤처·스타트업으로 대표되었지만 최근 도·소매업, 음식점 등 소상공인 주력 업종에 집중되고 있는 변화를 보이고 있다.

중소벤처기업부 '2020 창업기업 동향' 통계를 보면, 39살 이하에서 창업한 기업(부동산업 제외) 수는 2019년 대비 9.1% 늘었다. 모든 연령대에서 가장 높은 증가율이다. 2020년 한 해 2030세대가 차린 상위 5개 업종을 보면 청년창업이 몰리는 업종이 확연히 드러난다. 도·소매업, 숙박·음식점업에서 26만5235개, 벤처·스타트업이 속한 기술 창업기업은 8만9218개가 새로 생겨났다. 도·소매업만 떼어 보면 1년 전과 견줘 20대에서 32%, 30대에선 20.4% 늘었다.

코로나19가 비대면 사회를 앞당기면서 온라인 창업도 빠르게 늘고 있다. 포털사이트 네이버가 〈한겨레〉에 제공한 자료를 보면, 네이버 스마트스토어(온라인 상점)는 2019년 29만 개에서 2021년 3분기엔 47만 개로 62%가량 급증했다. 네이버는 "코로나19로 인해 온라인 창업에 뛰어든 판매자가 급격히 증가했다"고 말했다. 중소벤처기업부는 "코로나19를 거치며 온라인쇼핑 시장이 더욱 확대됨에 따라 전자상거래소매업 등 비대면 온라인쇼핑 업종이 큰 폭으로 증가했다. 특히 30대 이하 청년층이 이를 주도했다"고 밝혔다.

(한겨레 2월 23일)

2019년 창업기업 실태조사를 보면 창업자의 연령 분포가 40대가 가장 높은 32.4%, 50대 29.3%, 30대 이상 21.7%, 20대 이하는 3.4% 순으로 나타났다. 하지만 점점 창업자의 연령이 낮아지고 있는 추세라는 것을 알 수 있다. 창업자 성별 분포는 남성이 58.6%, 여성은 41.4%로 나타났다.

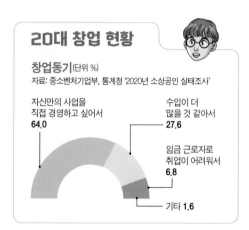

20대 창업 현황

창업동기(단위 %)
자료: 중소벤처기업부, 통계청 '2020년 소상공인 실태조사'

자신만의 사업을
직접 경영하고 싶어서
64.0

수입이 더
많을 것 같아서
27.6

임금 근로자로
취업이 어려워서
6.8

기타 **1.6**

창업 동기는 '자신만의 사업을 직접 경영하고 싶어서'가 64.0%로 가장 높게 나타났고, '수입이 더 많을 것 같아서' 27.6%, '임금 근로자로 취업이 어려워서' 6.8% 등의 순으로 나타났다.

창업 시 필요 자금은 평균 291 백만 원으로 나타났고, 이중 자기자금이 가장 높은 94.5%를 차지했다. 창업 이후 추가 필요자금 조달 방법은 자기자금이 가장 높은 88.1%로 나타났고, 다음으로 은행·비은행 대출 11.4%, 개인 간 차용 4.4%, 정부 융자·보증 2.0%, 정부 출연금·보조금 0.9% 순으로 나타났다.

(2019년 창업기업 실태조사)

4장 지우, 창업의 날개를 펴다
- 잘하는 것부터 시작하라

외근 다녀온 건 잘 됐니?

네, 선배.

오늘도 하루종일 회사 분위기 엉망이다.

왜요? 무슨 일 있었어요?

왜긴 왜겠냐? 팀장님이랑 강차장님 때문에 그렇지.

오늘도 다투셨어요?

왠만하면 강차장님도 적당한 선에서 눈치껏 끝내야지. 끝까지 팀장님한테 대들면 어떡해.

그러게 말이에요. 아깐 밖에서 듣는데도 살벌하더라고요.

아까 들으니 강차장님 짐 쌀 각오까지 하고 있는 것 같던데.

들어보면 사실 강차장님 말도 틀린 말은 아니에요.

아무튼 누구 한 분은 양보해야지. 매일 분위기 살벌해서 어디 일 하겠어.

전 강차장님 마음이 이해가 가요.

좀있다 신입 인턴들 회의실로 집합하란다. 팀장님께서 중간평가하실 모양이야.

네, 알고 있어요.

지금 강차장님 어디 계세요?

모르지. 잔뜩 화가 나서 나갔는데.

저 잠깐 다녀올게요.

야, 어디가? 회의실에 집합해야 한다니까!

강차장님 어디 계신지 찾아 봐야죠. 금방 갈게요.

그러다 늦으면 너 찍힌다! 빨리 와야 돼!

혼자만 대리점 위하나!
그딴 식으로 일할 거면 나가서
대리점주를 하던가!!

대리점주를 하라…

면접 볼 때
왜 이런 건
안 물어 보죠?

…?

상사가 화나 있을 때 어떤
커피를 준비해야 하는가
말이에요.

정답 알려줄까?

상사가 화났을 땐
그냥 모른 척 하는 게
정답이지.

어떻게
모른 척 해요.

다들 그래.
불리할 땐 그저 모른 척 하지.
그래야 살아남을 수 있으니까.
그게 회사야.

대리점들이 어떤 불리한 조건에 있는지
아무리 보고서를 작성해 올려도
다들 모른 척 하잖아. 모른 척하고 눈치 보고.
그래야 오래 살아남을 수 있지.

차장님은 회사와 대리점들을 위해
최선을 다 하셨어요.
팀장님도 다 아실 거예요.

알지. 팀장님 마음도.
그래서 앞으로는 더 이상
대리점주들을 위해 일하지 않을 거야.
물론 회사를 위해서도.

네? 그게 무슨
말씀이세요?

근데 이거 무슨 커피야?
블랙커피인가?
인생도 쓴데 커피까지
쓴 걸 마시다니.

아, 오늘은 자네 혼자 업무 봐야 할 것 같은데, 난 다른 업무가 있어서 말이야.

네. 알겠습니다.

야! 서율! 빨리 집합해야 된다니까 여기서 뭐하고 있어?!

아… 알았어요.

차장님 저 먼저 가겠습니다. 이따 전화드릴게요!

콱

찍

그래, 진퇴유절! 나아갈 때와 물러설 때를 알아야지.

회사를 위해서도, 대리점을 위해서도 일을 하지 않겠다니… 무슨 뜻이지?

설마… 퇴사를…?!

에이, 그럴 리가.

부우우웅

금빛 디자인

끼이익

금빛 디자인 금빛 디

금빛… 디자인…?

시작도 안하고 벌써 포기한 거야?!

실례합니다.
조인컨설팅에서 나온 인턴…
그… 금빛?

서… 율?

여… 여기서
일 해…?

율, 네가 어떻게
여기…?

몰랐어. 너 인줄.
그냥 상호만
네 이름하고 같은 줄
알았어.

디자이너들은
대부분 자기
이름을 회사명으로
하잖아.

어, 그렇지.
그런데 벌써 이렇게
성장했어?

누구 때문에 오기가
생기더라구.
그래서 열심히 했지.

그런데 넌 조인컨설팅에서 일해?
몰랐네.

99

어, 일한지 얼마 안 됐어. 오늘 강차장님이 다른 업무 있다고 해서 혼자 오게 됐어.

그랬구나. 나 창업해서 힘들어 할 때 강차장님이 많이 도와 주셨어.

보기 좋다 너. 좋아하는 일을 하고 있어서.

그 날은 미안했어. 아빠는 사업 실패하고 엄마는 병원에 계셔서 병간호 하느라 내가 마음에 여유가 없었어. 자격지심에 그만…

알아. 나도 그런 말 하는 게 아니었어.

우리 그 날 만나서 우동 먹기로 했었잖아? 기억 나? 그날 못 먹은 우동 먹자.

나도 그날 이후로 우동 한 번도 안 먹었어.

여기 금빛 디자인인데요. 우동 두 그릇 주세요.

금빛도 창업을… 다행이야.

아들, 축하해. 응원할게.

우리도 축하한다. 대박나라.

네, 지우의 세상에 와주셔서 감사합니다. 열심히 하겠습니다.

축하한다. 지우야. 자, 이건 내가 주는 선물이다. 내가 직접 붓글씨로 쓴 거다.

감사합니다. 사서님.

항상 초심을 잃지 마라. 지우야.

와 멋진 글이네요. 명심하겠습니다.

생각의 차이가 큰 부의 차이를 만든다

지우는 어떻게 창업할 생각을 다 했나 모르겠어요. 나이도 어린데.

저도 처음엔 걱정 많이 했어요.

경험도 없는 어린 나이에 창업한다고 하니까요. 그런데 지우가 사서님이 많이 도와줄 거니까 걱정하지 말라고 하도 설득하는 바람에…

난 율이 아빠 사업하다 망해서 얼마나 힘들었는지… 그래서 율이한테 사업하지 말고 취직하는 게 엄마 소원이라고 말했어요.

부모님들께서 걱정하는 것은 이해할 수 있습니다. 하지만 부모님들이 살아온 세상은 상당히 오랫동안 느린 속도로 변화해 왔고, 그런 세상을 살아오셨지만,

지금 우리 자녀들이 살아갈 세상은 급격하게 변화하는 세상이에요. 10년, 20년 후의 세상은 지금 우리가 상상하는 것을 훨씬 넘어선 세상일 것입니다.

맞아요, 요즘은 자고나면 세상이 변화하는 것 같아요.

당장은 대기업에 취직한 사람들이 부러울 수도 있겠지만 저는 오히려 그 사람들이 걱정됩니다.

네? 대기업에 취직한 사람들이 걱정되다니 그게 무슨 말씀이세요?

그러게요. 솔직히 부러워해도 모자랄 판에 걱정을 하시다니…

우리나라 30대 기업 평균 근속연수가 10년이라 하는데, 10년이 지나면 그들도 자신의 길을 찾아야만 하죠.

평생직장이란 말은 옛말이구나. 이제 또 어느 직장을 알아봐야 하나.

하지만 오랜 기간 조직에 속해 있다 보면 다른 기회가 있다는 것을 알지 못하고,

아, 그때 창업할 절호의 기회였는데..

그러다 보면 자기 자신을 위해 일할 엄두를 내지 못하게 되거든요.

내가 무슨 일을 할 수 있겠어. 내가 어떻게 창업을… 꿈도 못꾸지.

듣고보니 정말 맞는 말씀이에요. 이젠 평생 직장이란 없어졌으니까요.

우리 남편도 이직 걱정에 스트레스가 엄청나요.

사실 율이 아빠도 그래서 퇴직하고 사업 시작했던 거예요.

그래요?

103

어차피 오래 못 다닐 회사라면 빨리 퇴직하고 사업하는 게 낫겠다 싶어서요.

그런데 준비 없이 사업을 하다 보니 망하게 된 거죠.

처음 하시는 사업이었으니 이것저것 자세히 알아보셨어야 했는데요.

그런데 율이 아빠는 왜 그 사업을 하신 건지 말씀해 주실 수 있어요?

주위에서 잘 될 거라고 부추기니까 그 말에 솔깃해서…

맞아요. 그게 문제예요.

네? 뭐가 문제였어요?

나도 가봤지만, 율이 아빠 가게는 자리가 좋지 않았어요. 그래서 장사가 안 된 것 같아요.

그런가요, 사서님?
자리가 문제인가요?

하하, 아뇨.
율이 아빠가 사업에
실패한 가장 큰
이유는

창업을 할 때 자신이 잘하는 일을
해야 하는데 잘 될 것 같은 일을
선택했기 때문이에요.

그래서 사업이 실패한 것이지
자리 때문은 아니에요.

내가 잘하는 것을
했어야 했는데.

폐업

저도 동감이에요.
사서님 말씀대로 율이 아빠는 자신이
잘 알지도 못하는데 잘 될 거라는
주변 사람 말만 듣고 사업을 한 게
실수였어요.

그렇구나.
난 사업할 때 자리가
제일 중요하다고
생각했는데.

사실 자리 따지면 우리
지우가 창업한
여기도 좋은 자리는
아니죠.

하지만 지우가 잘하는 일이고 좋아하는 일이니 여기에서도 잘할 수 있을 거라 믿어요.

그건 이쪽으로 놔주세요.

맞습니다. 지우 어머님. 사업장은 사업이 잘된 후에 얼마든지 더 좋은 자리로 옮길 수 있어요.

지우의 세상
인테리어 전문

네.

그래서 할 수만 있다면 안정적인 회사만 고집할 게 아니라 창업을 해야 하는 것입니다.

부자가 되고 싶다면 월급쟁이가 아니라 자본가가 될 방법을 연구해야 하죠.

자본가가 되는 길은 자기의 일을 하는 것입니다.

나는 부자가 될 거야. 그러려면 내 일을 하는 자본가가 되야지.

즉 남이 아닌 자기를 위해 일하는 것이죠.

월급 팍팍 올려줄테니 우리 회사로

됐소!

일류 회사

자영업자가 되건,
회사를 차리건 간에
자기가 주인이 되어야 합니다.

그래야 확장성이 있죠.

이런 말씀은
우리 남편이 와서
들어야 하는데.

나중에 남편과
같이 와야겠어요.

장사가 잘 돼서 돈이 들어오면
비용을 제하고 전부
자기 것이 되잖아요.

그런데 장사가
잘 안 되면 그땐 어떡해요?

율이 아빠처럼
되면…

그러니 자기가 가장 잘하는 일,
좋아하는 일을 준비하고 사업을 해야죠.
주변 사람 말만 듣고 사업하지 말고요.

그리고보니 지금 하신
말씀들은 아이들
어렸을 때 여러 번
해주셨던 것 같아요.

그러게요.
저도 들었던
기억이 나네요.

107

사서님. 그런데 창업을 하지 않고 자본가가 되는 길은 없을까요?

저도 그게 궁금했어요.

전 자꾸만 율이 아빠 망한 모습이 트라우마가 돼서 창업 얘기만 나오면 가슴이 철렁하거든요.

창업을 하지 않아도 자본가가 되는 방법이 있죠.

바로 간접적 자본가가 되는 방법입니다.

간접적 자본가요?

주식이나 펀드를 사는 것이죠.

아, 그렇구나. 주식이나 펀드.

주식에 투자하면 내가 가진 지분 만큼 해당 기업주와 동업자 입장에 서게 되는 것이니까요.

우리 다시 주식 공부해야겠어요. 이번엔 잊어 버리지 않게 복습도 하고. 실천도 하고요.

굿 아이디어예요.

사서님, 이젠 아이들도 다 커서 시간이 많이 남거든요. 주식에 대해 제대로 가르쳐 주세요.

이제부터라도 주식 공부해서 노후준비하고 싶어요.

네, 언제든 오세요.

사서님, 우리 지우가 창업할 수 있도록 도와주셔서 정말 감사해요.

하하. 뭘요.

지우는 어려서부터 꼭 부자가 되겠다는 확신을 갖고 있었잖아요.

맞아요. 그땐 애가 좀 유별나다 싶었는데… 어려서부터 부자가 되겠다는 생각이 지금도 변함이 없더라구요.

지우는 누구보다 부자 DNA를 갖고 있어요.

네? 부자 DNA요?

그게 뭐예요?

사람의 눈동자나 색깔, 얼굴 크기를 결정하는 DNA는 타고나는 것이지만,

부자 DNA는 다양한 경험을 통해 후천적으로 기를 수 있어요.

창업을 하여 생산수단을 소유하는 것과 주식을 사는 것이 부자 DNA를 계발하는 방법이지요.

지우의 세상
인테리어 전문

지우의 세상
인테리어 전문

지우의 세상

아, 주식을 사서 자본에게 일을 시키는 재능을 계발해야 되는군요.

네, 맞습니다.

이렇게 부자 DNA를 스스로 계발함으로써 자본주의 사회에서 부자가 되는 지름길을 알아내는 것이죠.

전 부자 DNA라고 해서 부자인 부모님한테 선천적으로 DNA를 물려받는 것인줄 알았는데, 그게 아니네요.

부자 DNA는 후천적으로 계발하는 것입니다. 그래서 누구나 부자가 될 수 있는 기회를 만들 수 있어요.

우리 아이들도 부자가 되었으면 정말 좋겠어요.

맞아요. 우리들처럼 경제적으로 힘들게 살지 않았으면 해요.

부자는 누구나 될 수 있습니다. 다만 잘못된 교육 때문에 부자 DNA를 계발할 생각을 하지 못하고 있는 것이죠.

이제부터라도 부자 DNA를 키워야 해요.

아까도 말씀드렸지만 우리 자녀들이 살아갈 세상은 급격하게 변화하는 세상이잖아요.

10 ~ 20년 후의 세상을 대비하고 준비해야 해요.

부자 DNA를 갖춰야만 살아남을 수 있고 부자로 성공할 수 있을 것입니다.

사서님 말씀 들으면 우리 부모들이 너무 안이하게 살고 있는 것 같아 부끄러워지네요.

그저 막연하게 열심히만 하면 부자가 될 거라 생각했는데.

지우를 보세요.

일찍부터 부자가 되겠다고 결심하고 부자 DNA를 계발하여 나아가는 모습을요.

대학교 안 간다고
했을 땐 정말
속상했는데, 이젠
힘껏 도우려고요.
자기가 좋아하고
선택한 일이니까
응원해 줄 거예요.

그럼요.
얼마나 대견해요.

아, 네. 바로
방문하겠습니다.

벌써 견적 문의
왔어요! 얏호-

그래?
벌써?

어머나. 벌써 동네에
소문이 났나보네요.
견적 문의가 오는 걸
보니.

한 달 전부터
새벽까지 직접
광고지를
돌렸거든요.

잘 됐으면
좋겠어요.

잘 될 거예요.
열심이
대단하니까요.

저녁

축하해요. 지우 사장님~
호호호.

나도 축하해.

와줘서 고마워요.
형 누나들.

근데 건물 임대비
얼마 들었어?

아, 여기 사실은
친구 아빠 개인 주차장
건물이라 보증금 없이
월세만 조금 내면 돼요.

여기가 주차장
건물이야?
전혀 모르겠는데.

네,
주차장이었는데
감쪽같죠?

주차장 건물이
이렇게 변하다니.
네가 직접 인테리어
했어?

당연하죠.
직접 셀프 리모델링 했어요.
그래서 창업 초기 비용이
거의 안 들었어요.

스티브 잡스도 처음엔 주차장에서 창업을 했잖아요.

그래, 우리 지우도 잡스처럼 꼭 성공하길 바란다. 누나도 힘껏 도와줄게.

당연하지. 난 꼭 부자가 될 거야.

아휴, 나도 지우같은 남동생 하나 있었으면 좋겠다.

생각의 차이가 큰 부의 차이를 만든다.

생각의 차이가
큰 부의 차이를 만든다

그 액자는 사서님이 준 선물이에요. 글씨도 사서님이 직접 쓰신 거예요.

그래? 나도 하나 써달라고 부탁해야지.

아, 잘 먹었다. 우리 커피 마시자~

내가 사올게. 동생이 개업했는데 누나가 그 정도는 쏴야지.

민영이는 마키야또, 율은 카페라떼 맞지?

마침 다들 있었구나.

사서님.

사서님, 오셨네요.

지수야, 사서님 커피도 사와.

응, 알았어.

아니다, 지수야. 커피 사러 갈 거 없다.

왜요?

내가 준비해 왔다.

사서님, 혹시 커피를 끓여 오신 건가요?

커피 대신 내가 직접 화분에서 키운 꽃차를 타왔단다. 맛이 좋을 거야.

네? 꽃차요?

그리 힘들게 회사 다녀서 번 돈을 커피 마시는 데 써버리면

언제 돈 벌어서 노후준비하지?

노… 노후요…

사서님, 그래도 오늘 같은 날 커피 한 잔 마시지 못 한다는 건…

맞아요. 커피 한 잔은 소확행인데요.

그 마음 모르지 않지.

사서님, 너무하세요. 오늘은 특별한 날이기도 한데, 커피값 얼마나 한다고…

지수야, 월급 200만 원 받는 사람이 하루에 만 원 커피 마시면 월급의 15%를 커피 마시는데 써버리는 것인데,

월급의 15%? 그렇게 되나요?

지금도 네 잔 사왔으면 2만 원은 썼을걸?

지금은 커피 한 잔으로 힐링한다고 생각하지만 노후를 생각하면 과연 커피 한 잔이 여유롭게 마셔질까?

습관을 바꿔야 돼.

커피 뿐 아니라 남에게 과시하거나 기분내려고 과소비하는 습관을 고쳐야 해.

이 정도는 돼야 있어 보이지.

있어 보이려고 하지 말고 저축을 해서 주식 1주를 사는 습관을 만들어야 돼.

1일 1주식

무슨 말씀인줄은 알겠지만, 커피 한 잔 맘 놓고 마시지 못 한다니 서글퍼지네요.

커피보다 향이 좋은 꽃차를 가져 왔잖니?

향이 끝내주네요. 이런 향은 처음이에요.

취직만 하면 여유있고 행복해질 거라 생각했는데.

너희들에게 꼭 해주고 싶은 말이 있어.

행복지려면 반드시 틀을 깨는 훈련을 해야 돼.

틀을 깨요?

기성 세대가 만들어 놓은 사회에 자신을 맞추려고 하면 불행해지지.

그럼, 불행하지 않은 삶을 준비하려면 어떻게 해야 되죠?

우리같은 2030 세대는 자본도 없고 할 수 있는 것이 아무것도 없잖아요.

정말 불행한 삶은 살고 싶지 않은데..

우리들은 너무 힘든 세대에 태어난 것 같아요.

그럴 때일수록 긍정적인 마음으로 한 계단 한 계단 밟아 나가는 현명함이 필요하지.

현재의 상황에서 할 수 있는 것부터 하나씩 해나가면 돼.

무심코 습관적으로 소비하는 생활습관부터 바꾸는 거지.

나도 모르게 점심 식사 후 습관적으로 커피를

그리고 지금 율이에게 꼭 해주고 싶은 말이 있어.

저한테요?

지금 율이는 너무 의기소침해 있어.

무엇보다 실패를 두려워하지 말고 적극적으로 평소에 하고 싶었던 일, 네가 잘하는 일을 했으면 좋겠어.

율이는 하고 싶었던 일이 뭐였지?

쟤는 어렸을 때부터 드론 조종사가 꿈이었어요.

맞아. 자격증도 땄잖아?

어, 그건 그냥 취미로… 지금은… 나도 잘 모르겠어. 내가 하고 싶은 일이 뭔지…

너무 막연하게 생각하면 시작하기 힘들지.

우선 당장 잘할 수 있는 것이 어떤 것인지 생각해 볼까?

잘 생각해 봐요. 형.

율이만의 경험으로 남보다 더 잘할 수 있는 게 있을 텐데 말이야.

막상 생각해보니 제가 뭘 잘할 수 있는지 모르겠어요. 대학교 다니면서 스펙 쌓느라 정신없이 보내다 보니 제가 뭘 잘하는지 모르겠어요.

그건 나도 그래. 나도 막상 내가 뭘 잘할 수 있는지 모르겠다니까.

뭐가 좋을까…
흠…

그래! 좋은
생각이 떠올랐어.

뭔데요?

율이는 취업하기 위해
남들보다 수많은 면접 경험을
해봤잖아?

네.

그러니까 면접 경험을
책으로 써보는 것도 좋을 것 같은데.
어때?

책을요?

면접 경험 책이요?

와, 그거 좋을 것 같은데요.
율이가 글쓰기 실력이
좀 되거든요.

그건 나도
인정.

그래도 제가 어떻게 책을…

아냐, 율. 잘 생각해 봐. 너 글 잘 쓰잖아.

독후감 쓰는 거랑 책 쓰는 거랑 같냐?

내 생각에는 율이가 쓰면 좋은 작품이 나올 것 같은데.

사서님. 책이 그렇게 쉽게 쓰여지는 거라면 누구나 다 작가하게요. 전 어림 없어요.

갑자기 겸손 모드?

화려한 미사여구의 소설도 아니고, 복선과 반전의 시나리오를 쓰라는 말도 아니야.

그냥 네가 직접 면접을 보기 위해 준비했던 것들과 느낀점을 솔직하게 일기 쓰듯 쓰면 돼.

사서님 말씀이 맞아.
가끔 어떤 작품들은 전문작가가 아닌
우리같은 일반 사람이 쓴 책이 독자들에게
감동을 줄 때가 있잖아.

어떤 일을 할 때 자신이 하는 일이
누군가에게 도움이 되는 일이면 좋겠어.

설령 문장력이 부족해도
율이가 경험한 것을 진솔하게 쓴 책을 읽고
면접을 준비하는 사람이
도움을 받는다면 좋지 않을까?

취업을 준비하는
취준생들에게 네 경험이
많은 도움이 될 거 같구나.

그…
글쎄요…

부담 갖지 말고 도전해 보는 거야.
나도 율이가 어려서부터 쓴 독후감
많이 봐서 알지.

어시스트 필요하면
나한테 말해.
언제든 도와줄게.

지우의 세상
인테리어 전문

나도 면접 볼 때 재밌는
에피소드가 있었거든.
필요하면 말해.

전혀 생각하지 못한 일이라 엄두가 나질 않아요.

처음엔 잘하는 것부터 시작하는 거야. 면접 경험이 많으니 누구보다 잘할 수 있을 거야.

그리고 다른 사람에게 도움이 되는 것이 뭘까 생각해 보길 바란다.

네, 사서님. 신중히 생각해 볼게요.

그래, 잘 생각했으면 한다.

와, 율이 베스트셀러 작가가 되는 거야?

율이 너, 유명해졌다고 우리 모른 척하고 그러면 안 돼. 알았지?

비행기 태우지 마.

사서님, 근데 이거 무슨 차예요? 향도 좋고 은근 맛이 좋은데요.

내가 화분에서 직접 키운 허브차야.

이게 허브차구나.

1년 전에 2천 원 짜리 포트 화분 사서 키우기 시작했는데 지금은 번식도 많이 시켜서 여러 사람 나눠주기까지 했단다.

2천원 짜리를 아직까지 키우시고 차로 마시다니… 저도 키워 보고 싶어요.

잘 키워서 자기 전에 차로 마시면 심신이 안정되어 잠도 잘 온단다.

나 요즘 맨날 지각해서 혼나는 악몽꾸는데. 오늘은 잠이 잘 오겠네.

누나는 자기 전에 맨날 공포영화 보니까 악몽 꾸는 거야.

암튼 오늘 사서님 덕분에 커피값 절약했어.

이제 지수한테 커피 얻어 마시긴 다 틀렸구나. 하하.

존리에게 묻고 답하다

Q : 왜 주식 투자를 해야 하나요?

A :　노동에는 한계가 있습니다. 직장에서 해고가 될 수도 있고 건강 상의 이유로 더 이상 일을 하지 못할 수도 있습니다. 이럴 때를 대비하여 누군가가 나를 위해서 일을 하도록 만들어야 합니다. 내가 돈을 위해 일하는 것이 아니라 돈이 나를 위해 일하게 해야 합니다. 돈이 나를 위해 일하게 하는 수단이 바로 기업에 투자하는 것이고, 기업에 투자하는 것은 기업을 소유하는 것이며, 기업을 소유하는 것은 주식을 사는 것입니다. 주식을 사는 것 즉 주식 투자를 해야 노동을 하지 못할 때도 안정적인 생활을 할 수 있고 부자가 될 수 있습니다.

Q : 나에게 투자하는 것도 중요한 것 아닌가요?

A :　순서가 중요합니다. 부자 되는 것은 눈사람을 만드는 것에 비유할 수 있습니다. 눈사람을 만들려면 우선 눈덩어리부터 만들어야 합니다. 눈덩어리를 만들어야 굴릴 수 있고 큰 눈사람을 만들 수 있습니다. 나중에 눈사람을 다 만든 후에 여행을 가거나 자기계발을 위해 투자하는 것은 좋습니다. 하지만 눈덩이를 만들 자금을 만들기도 전에 나에게 투자하는 것은 황금거위를 죽이는 것과 같습니다. 일단 눈사람부터 만들고 그 다음에 자신을 위해 투자하는 것이 좋습니다.

Q : 왜 창업을 추천하시나요?

A :　창업이 위험하다는 생각은 고정관념에 불과합니다. 공무원 응시생이 수능 응시생과 비슷하다고 합니다. 대기업의 경쟁률은 200대 1 이상입니다. 이렇게 좁은문을

뚫고 들어가서도 적성에 맞지 않아 눈물을 머금고 퇴사하는 청년들이 많습니다. 시간 낭비, 열정낭비입니다. 자신이 잘하는 것, 자신이 정말로 원하는 일을 한다면 창업은 분명히 성공할 수 있습니다. 초기 자본이 조금 들어갈 수도 있지만 처음에는 저자본으로 시작해서 차츰 늘려가는 방법을 찾아보길 권합니다.

Q : 사업 확장을 위해 주식을 파는 것은 괜찮을까요?

A : 주식을 팔아야 하는 몇 가지 경우가 있어요.

첫째, 은퇴한 후 수입이 없어서 생활비가 필요할 때.
둘째, 자신의 판단이 틀렸다고 인정될 때.
셋째, 세상이 변해서 내가 매입한 주식의 해당 기업이 더는 성장하기 어려울 때.

많은 사람이 주식을 사면 매일 얼마가 올랐는지 내렸는지 확인하고 일희일비합니다. 그러다보면 주식을 오랫동안 보유할 수 없습니다. 가격이 오르던지 내리던지 신경쓰지 말고 보유해야 합니다. 저금하듯이 한 주 한 주 사서 모았다가 위에서 말한 이유가 발생하면 팔아야 합니다.

사업을 확장하기 위해서 돈이 필요하다면 주식을 팔아야 할 수도 있을 것입니다. 하지만 다 팔지 말고 일부만 팔아서 사업 확장을 위해 쓰고 나머지는 보유하는 것이 좋습니다.

5장 창업하기 좋은 나라, 대한민국
- 실패를 두려워하지 말라

며칠 후

이봐, 강차장!
정말 이렇게 할 건가?!

죄송합니다.
저도 어쩔 수
없습니다.

이 사람, 이거!
아주 고집불통이구만!
그렇게 안 봤는데!!

그럼,
나가보겠습니다.

이… 이봐!
강차장! 강차장!

내 말 아직 안 끝났어!
이거 다시 가져가라고!

뭘 가져가란
거야?

글쎄…

네?
사… 사표를
내셨다고요?

조금 전에
팀장님께 드렸네.

차장님, 다시 한번
생각해 보세요.

아니네, 이제야 제대로
되고 있는 것 같아
시원하다네.

133

오늘은 날이 맑아서 그런지 평소에 안 보이던 곳까지 보이네.

정말 그러네요. 어제만 해도 저 산은 잘 안 보였는데 오늘은 잘 보이는데요.

멀리 볼수록 더 많은 것을 볼 수 있다네.

명견만리라는 말 들어 봤나?

명견만리요? 들어본 것 같은데 자세한 뜻은 잘 모르겠어요.

남다른 관찰력으로 만리 앞을 내다본다는 뜻이지.

아, 생각나요. 요즘 시대에 꼭 필요한 키워드라고 했어요.

나는 입사 때부터 한결같이 명견만리의 신념으로 일을 해 왔지.

이럴 때 일수록 멀리 보시고 사업하셔야 합니다.

회사도 점주도 상생을 해야 해. 그러려면 양측 모두 명견만리의 자세가 필요한데,

회사는 변화하려고 하지 않아. 물은 계속 흘러야 하는데 어딘가에 고여 있으면 썩기 마련이거든.

그러니 내가 회사를 떠날 수밖에 없지.

그럼 다른 회사로 가실 건가요?

이젠 물처럼 흘러가야지.

네?

내가 직접 명견만리의 자세로 내 길을 가려고 하네.

네? 그… 그럼 창업하시려고요?

그렇지. 창업!

사실 입사할 때부터 회사에 오래 있을 생각은 없었네.

'딱 3년만! 3년만 경험 쌓고 창업하자!'고 생각했지.

그런데 3년이 지나 지금까지 오게 된 거지.

왜요?

경험을 좀더 쌓을 필요가 있다고 판단했지. 경험만큼 소중한 자산도 없으니까.

그래, 1년만 더 경험을 쌓자.

게다가 창업할 때 보유하고 있던 주식을 조금 처분해서 사업자금을 확보하려 했는데 때마침 주식 시장이 안 좋아져 조금 더 기다리느라 미뤄진 것도 있지.

철저하게 계획하고 준비하고 계셨군요.

당연하지. 어설프게 창업하면 백전백패지.

그리고 퇴사를 망설이게 했던 결정적인 이유가 또 있었지.

무슨 이유 때문이었는데요?

대리점주들 때문이야.

네? 점주들 때문에 퇴사를 못하셨다니요?

나의 삶도 중요하지만 나를 믿고 따라와준 그들을 외면한다는 건 아무리 냉혹한 경쟁사회라 해도 도리가 아니라 생각했네.

그랬군요.
이해가 가요.
저라도 그랬을 것
같아요.

고맙군,
이해해 줘서.
남들은 이런 나를
어리석다고
말하던데.

그런데 이제
때가 온 것 같아.
창업할 때가
말이야.

내가 쌓은 경험으로
이젠 내가 잘할 수 있는
일을 해야지.

그래도 요즘 같이 경기가 안 좋을 때
창업하면 걱정되지 않으세요?
실패할 수도 있고요.

실패를 두려워하면 아무것도 할 수 없네.
평생 남의 회사에서 시키는 일만 하겠지.

나에겐 조인컨설팅에서 쌓은 많은 경험이 있어. 그 경험으로 내 일을 하면 더 잘할 수 있을 거라 확신하네.

그리고 창업에 어려움을 겪고 있는 많은 젊은 창업자에게 회사에서 일할 때보다 더 많은 도움을 주고 싶다네. 서로가 윈윈할 수 있게.

차장님은 회사와 대리점이 서로 상생하는 것을 제일 중요하게 생각하시니까 잘 하실 거라 믿어요.

어떤 일을 할 때 자신이 하는 일이 누군가에게 도움이 되는 일을 했으면 좋겠다는 생각을 했네. 그래서 난 이 창업컨설팅 사업이 좋다네.

어떤 일을 할 때 자신이 하는 일이 누군가에게 도움이 되는 일이면 좋겠다.

차장님도 사서님과 같은 말씀을 하시네.

맑은 하늘과
탁트인 도심을 보니
그동안의 일들이
주마등처럼
지나가는 것 같아
말이 길어졌네.

차장님의 깊은 생각을
듣게 돼서 저는
좋은 걸요.

그렇다면
다행이고.

사표 수리되는 날까지
회사와 대리점을 위해
오늘도 파이팅할까?

네, 차장님!
파이팅!

그런데
금빛 디자이너와
아는 사이였다고?

아, 네. 제
첫사랑이었습니다.

그래?
첫사랑이었다고?

네.

세상 참
좁군.

며칠 후

금빛디자인

금빛…?

가만, 자넨 저번에 그…?

아! 네. 안녕하세요?
또 뵙네요.
근데 여긴 어떻게?

여긴 우리 딸이 있는 곳이라네.

그… 금빛이 부장님 딸이에요?

자넨 여기 웬일인가?

아… 전 여기 금빛…

나 싫다고 가버렸던 사람이에요, 아빠.

우리 금빛이 싫다고 간 사람이라니 그게 무슨 말이냐?

아… 아닙니다.
오해예요, 오해.

오해는 무슨.
사실이지.

추운 겨울날 우동 한 그릇도
안 사주고 간 사람이 누군데?

이건 또
뭔 소리야?

우동 저… 저번에
샀잖아. 은근
뒤끝 있네.

자네 만났던 날이
내가 퇴사하던
날이었지.

네, 직원들과
말씀하시는 것 듣고
짐작했어요.

금빛이 창업한 덕분에 정년을
앞두고 퇴직한 거라네. 안그랬으면
꼼짝없이 정년퇴임까지 회사에
갇혀 있었을 거야.

평생 회사생활하면서 느낀 건
월급 받는 것에만 취해서
정작 내가 하고 싶은 일을 까맣게
잊고 있었고,

더 큰 문제는 평생을 일했어도
부자가 될 수 없다는 사실이네.

회사란 다니면 다닐수록
나를 아무것도 못하게
만들거든.

어느새 나 자신도 모르게
무기력한 사람이 되어 가고 있는 것을
느끼겠더라고.

그런데 금빛이 창업하는 모습을 보고
나도 늦었지만 내가 하고 싶은 일을
해보고 싶어서 퇴직을 결심했지.

아빠는 뭐 그런
말씀까지 다 하세요.
겨우 두 번째 만난
사람한테.

무슨 소리냐. 옷깃만 스쳐도 인연이라 했는데, 우린 어깨가 탈골될 만큼 부딪힌 사이란 말이다.

안그런가? 자네?

하하, 네 맞습니다.

아빠도 참…

요즘 알아보니 대한민국은 창업하기 정말 쉬운 좋은 나라인 것 같더군.

우리 아빠 창업 준비하고 계셔.

각 지역마다 창업 지원 센터가 있어서 창업에 필요한 정보들을 쉽게 얻을 수 있더군.

창업 지원 센터

60세 이상은 특별 세금감면..

친절하게도 알려주시네.

맞아요. 저도 창업 지원금 센터에 신청해서 받았잖아요. 지원 받는 혜택이 의외로 많아서 좀 놀랐죠.

게다가 많은 사람이 실패를 두려워해서 도전도 하지 않고 있으니 경쟁자가 없지 않나.

부장님은 창업에 대해 열린 마음을 갖고 계신 것 같아요.

창업을 잘 모르는 부모님들은 창업이라면 무조건 반대부터 하시잖아요.

나도 처음에 금빛이가 학교 그만 두고 창업한다고 했을 때는 반대했다네.

저도 하고 싶은 일을 해보려고요. 창업 준비할 거예요.

쓸데없는 생각하지 말고 취직해.

기성세대 부모들이 변화해야 젊은 청년들이 마음껏 꿈을 펼칠 수 있는데 안타깝네.

그런 면에서 우리 아빠는 의식이 깨어있으시지. 노후를 생각해서 술, 담배, 커피까지 다 끊으시고.

와, 대단하시네요.

세 가지를 끊으니 건강은 물론이고, 그 돈으로 주식에 투자할 수 있으니 얼마나 좋은지 모른다네.

아무튼 나는 늦었다고 생각해서 망설였는데 금빛이를 보며 지금이라도 해야겠다는 생각이 들더군.

아빠, 저 대학교 자퇴하고 디자인 창업할 거예요.

뭐라고? 창업?

모든 건 마음 먹기에 달린거지.

맞아요. 아빠.

그러니 자네도 젊은 나이이니 실패해도 다시 일어날 수 있다는 용기를 갖고 무엇이든 도전하게.

망설이지 말고 말이야.
아들 같아서 하는 말일세.

네, 좋은 말씀
감사합니다.
잘들었습니다.

아빠도 참, 이제 막 회사에
들어간 사람한테
그런 말씀을…

아, 그런가?

너도 알다시피 난
평생토록 한 회사만
다녔잖니.

그래서 내 경험에
비춰 볼 때, 인생
선배로서 말해주고
싶은 거야.

할 수만 있다면 취업보다는
창업하는 게 훨씬 좋겠다는
생각을 말이야.

내 말 무슨 뜻인지 알겠지?

네, 그럼요. 다 맞는 말씀이라 생각합니다.

저도 주위에 저보다 나이 어린 젊은 사람들이 창업해서 자신의 일을 하고 있는 모습을 보면서 많이 느끼고 있어요.

부장님처럼 저한테 창업에 대해 용기를 주시는 분도 많이 계시고요.

그렇구만. 암튼 무슨 일을 하든 잘하는 일을 하게나.

어휴, 얘기하다 보니 벌써 점심시간이구만. 어쩐지 배가 고프더니.

아빠가 점심 사주실 거죠?

그럼, 당연 맛있는 거 사줘야지.

자네는 뭐 좋아하나?

네, 저는 다 잘 먹습니다.

149

사서님 말씀처럼 면접 보면서 느끼고 경험했던 것들을 좀더 추가해 볼게요.

좋은 책이 되도록 사서님께서 많이 도와 주세요.

그래. 멋진 작품을 만들어 보자. 나도 힘껏 돕지.

그런데 출판사에서 이런 내용을 출판해 줄까요? 게다가 저 같은 쌩초짜 작품을요.

출판사도 저마다 주력하는 분야가 다르지. 면접분야 도서에 관심있는 출판사를 알아봐야지.

출판사와 미팅을 하다 보면 또 많은 것을 배울 수 있을 거야.

네, 사서님.

워낙 메모가 잘 되어 있어서 초고는 금방 나오겠는 걸.

한 두 달 정도 예정하고 있어요.
내일까지 기획의도하고
목차 써볼게요.

그래.
벌써 기대가
되는구나.

열심히
하겠습니다.

사서님,
저희 왔어요.

율이도
있었네.

그래.
어서들 와라.

나도 조금 전에 왔어.

사서님, 허브차 한 잔
마시러 왔어요.

그래.
알았다.

나 면접
경험을 책으로
써보기로 했어.

어, 그래? 정말 잘했다.

책에 내 얘기도 꼭
넣어. 최소 오백 부는
더 팔릴 거야.
미모의 여친이라고
해서…

한 달 후

사표수리가 이렇게 빨리 될 줄은 몰랐어요.

짐 정리는 다 하셨어요?

짐이 뭐 있나. 마음만 정리하면 되지.

아쉽네요. 사회 첫 직장 사수였는데… 차장님께 많이 배웠어요. 감사합니다.

이젠 사수도 선배도 아니야. 같은 업종의 경쟁자지. 각오 단단히 하지 않으면 거래처 다 뺏길 줄 알게나.

사수인 차장님께 배운대로만 할게요. 명견만리의 자세로. 그럼 절대로 제 거래처 터치하지 못하실 거예요.

하하하. 벌써 선빵 날리는 건가? 그런 마음으로 내가 맡았던 거래처들 각별히 신경써 주길 부탁하네.

그 분들이 있었기에 지금의 내가 있을 수 있는 것이니까.

그럼요. 차장님 몫까지 두 배로 신경 쓰겠습니다.

그래, 부탁하네.

물 한 잔만 줄래?

뭐야? 물 마시러 온 거야? 아님 업무 때문에 온 거야?

둘 다.
캬- 시원하다.

벌컥
벌컥

어? 주식 책이네?

전설로 떠나는
월街의 영웅

금빛, 너 주식 공부하는 거야?

당연하지. 주식에 투자해야 내가 하고 싶은 일을 계속할 수 있지.

하루 매상 중에 고정비용 제하고 남은 이익금 중 10%는 반드시 떼어 주식에 투자하고 있어.

실수하지 않고 주식 투자에 성공하려고 공부도 열심히 하고 있지.

역시 황금빛답다.

노동으로 얻은 수입 중 일부는 무조건 떼어 주식에 투자하라.

그때부터 자본이 증식하기 시작하고, 시간이 흐를수록 그 자본의 증식 속도는 증가해 언젠가는 월급을 앞지르게 되니 주식은 반드시 병행해야 한다.

그리고 올바른 주식 투자 공부가 전제가 되어야 한다.

주식 공부는 기본으로

우리 아빠도 창업 준비와
주식 공부하느라
엄청 바쁘셔.

그런데도 요즘이
제일 행복하시대.

내가 보기에도
그렇게 보이셨어.

근데 너 여기
너무 자주 오는 거
아니니?

거래처잖아.
스페셜 거래처.

스페셜…?
무슨 뜻이야?

며칠 후

휴~,
이제 다 된 것 같은데
제목만 정하면 된다.

"실패를 두려워 하지
않는…."

155

두 달 후

서울
사인회

감사합니다.

서율이 작가가 되다니.
그것도 베스트셀러 작가.
대단하다.

서율,
부럽다.

아빠, 저기 작가 싸인회
하나봐요. 우리도
가 봐요.

그럼.

아니,
저 친구는…?

맞아요.
율이에요!

축하해, 서율 작가님.
나도 싸인해 줘.

156

청년사업자 지원 받고 성공창업의 길로!

현재 정부에서 창업과 관련된 지원사업을 많이 펼치고 있지만 그 내용이나 절차, 방법 등을 몰라서 신청하지 못하고 지원을 받지 못하는 경우가 많다.

창업을 하고자 할 때 창업자금과 관련된 부분이 가장 큰 고민일 것이다. 창업에 필요한 창업자금, 사업을 진행하는 데 있어서 필요한 사업자금 등이 부족할 경우 운영이 어려워지고, 더 심하면 폐업을 하게 될 수도 있다. 자금 문제 해결을 위해 대부분 은행 등 금융권을 찾아가 대출을 받으려고 하는데 금융권의 대출은 쉽지 않고 상환기간도 짧을 뿐 아니라 금리도 높아 부담감이 크다.

이럴 때, 청년사업자 지원 제도를 이용하면 자금력과 담보력이 부족한 청년들도 정부의 지원을 통해 창업의 꿈을 이룰 수 있다. 각종 인적, 자금적, 물적 지원까지 함께 받을 수 있기 때문에 예비 창업자라면 반드시 청년사업자 지원으로 시작하는 것이 좋겠다.

청년사업자 지원 제도는 대표자의 여러 가지 조건과 진행하는 기관에 따라 세부적으로 나뉘겠지만 가장 대표적인 청년사업자 지원 두 가지를 소개하겠다.

2022 청년창업사관학교

중소벤처기업부에서 청년창업자를 양성하기 위해 진행하는 청년사업자 지원 제도다. 2022년 1월 13일부터 입교생 875명을 우선 모집하기 시작했다. 청년창업사관학교는 전국 18개로 입교생은 총 915명이다.

2011년부터 운영하기 시작해 현재까지 5,842명의 청년창업가를 배출했으며 총 5조7천억 원의 누적 매출성과를 달성했다. '토스'와 '직방'도 청년창업사관학교에서 각종 지원을 받고 성장할 수 있었다.

청년창업사관학교에서는 각종 투자역량 강화 교육과 코칭, 컨설팅 등을 제공하면서 직접-연계 투자까지 책임지는 투자특화형 사업을 운영하고 있다. 신청과 자세한 내용은 청년창업사관학교 홈페이지를 통해 확인할 수 있다.

2022 예비창업패키지

예비창업패키지는 사업자 등록이 되어 있다면 신청이 불가능한 청년사업자 지원 프로그램이다. 과거에 사업자 등록을 했다가 폐업했을 경우 1년이 지나야 신청이 가능하다. 평균적으로 3월~4월에 공고가 올라온 뒤 5월달에 모집을 하는 경우가 많다. 창업을 했던 경험이 없는 분이라면 예비창업패키지를 통해 자금과 각종 교육 프로그램을 지원 받는 것이 좋다.

지원되는 청년사업자 지원 자금은 바우처로 제공되고 있으며, 시제품부터 지식재산권 취득, 마케팅 등에 소요되는 자금을 차등적으로 지원해 준다. 자금의 종류에 따라서 최대 1억 원까지 지원이 가능하니 우리 기업이 어떤 곳에 해당되는지 꼼꼼하게 살펴봐야 한다.

정부지원사업은 기관마다 심사 과정을 거친 뒤 지원 대상을 선정하게 되는데 신청부터 승인, 사후관리까지 함께할 수 있는 한국청년창업진흥원으로 문의하면 많은 도움을 받을 수 있을 것이다.

출처: 한국청년창업진흥원